MILESTONE MOMENTS IN
GETTING YOUR PhD IN
QUALITATIVE RESEARCH

질적연구를 활용한
학위논문 작성법

Margaret Zeegers · Deirdre Barron 공저
이미숙 역

학지사

Milestone Moments in Getting your PhD in Qualitative Research
by Margaret Zeegers and Deirdre Barron

This edition of Milestone Moments in Getting your PhD in Qualitative
Research by Margaret Zeegers, Deirdre Barron is published by arrangement
with ELSEVIER Limited of The Boulevard, Langford Lane, Kidlington,
Oxford, OX5 1GB, UK.
Copyright © **2015** by Margaret Zeegers and Deirdre Barron

All rights reserved.

Korean translation copyright © **2019** by HAKJISA PUBLISHER, INC.
Korean translation rights arranged with ELSEVIER Limited
through EYA(Eric Yang Agency).

이 책의 한국어판 저작권은 EYA(Eric Yang Agency)를 통한
ELSEVIER Limited 사와의 독점계약으로 (주)**학지사**가 소유합니다.
저작권법에 의해 한국 내에서 보호를 받는 저작물이므로
무단 전재와 무단 복제를 금합니다.

역자 서문

이 책은 Margaret Zeegers와 Deirdre Barron이 쓴 『Milestone Moments in Getting your PhD in Qualitative Research』를 우리말로 옮긴 것입니다.

최근 질적연구방법을 활용하여 연구하고자 하는 연구자가 증가하고 있습니다. 질적연구를 시도하는 연구자가 증가함에 따라 질적연구의 토대가 되는 철학이나 이론적 개념 또는 질적연구를 수행하는 방법에 대해 이론적으로 안내하는 책을 어렵지 않게 만나볼 수 있습니다. 그러나 질적연구방법을 실제 연구에 적용하는 과정과 그 방법을 구체적으로 안내하여 직접적인 도움을 주는 지침서는 쉽게 접하기 어려운 실정입니다. 이 책은 질적연구방법을 활용하여 논문을 작성하는 과정과 방법에 대한 실용적인 내용을 다루고 있습니다.

이 책을 번역하면서 이제 질적연구방법을 활용하여 학위논문을 작성하고자 하는 연구자들에게 추천해 줄 만한 실용서가 생겼다는 것에 보람을 느낍니다. 질적연구방법으로 학위논문을 시작하고자 하는 학생뿐만 아니라 그들을 지도하는 학자들에게도 이 책을 추천하고 싶습니다.

이 책은 크게 두 가지의 영역으로 구성되어 있습니다. 첫 번째 영역은 질적연구방법을 활용하여 박사학위논문을 준비하기 위한 전반적인 과정, 준비사항 그리고 고려해야 할 사항 등을 안내하는 내용입니다. 두 번째 영역은 학위논문의 구성체계에 따라 학위논문을 작성하는 방법을 단계별로 안내하고 있습니다. 이 책은 질적연구방법을 활용하여 학위논문의 각 단계에서 내용을 작성하는 방법을 구체적이고 알기 쉽게 설명하였고, 그 방법에 따라 작성된 문구나 논문의 실례를 들어 이해를 도울 수 있도록 하였습니다. 즉, 질적연구방법에 대한 이론적인 설명뿐만 아니라, 이를 바탕으로 학위논문을 작성하는 실제적인 방법들을 실례를 들어 구체적으로 안내하였습니다. 더불어 학위논문을 작성하는 과정에 대한 이야기들, 학위논문을 작성할 때나 그 과정을 진행하는 데에 유용한 지침들을 제시하여 질적연구를 시작하는 학생들이나 학자들에게 실제적으로 도움을 줄 수 있으리라 생각합니다.

마지막으로, 이 책의 출판을 위해 노력해 주신 학지사의 김진환 사장님과 관계자 여러분께 감사드립니다. 또한 함께 수고해 준 김경미 선생과 김광명 선생에게도 감사를 전합니다. 무엇보다도 작업하는 동안 아낌없는 지지와 격려를 해 준 가족에게 사랑과 감사의 마음을 전합니다.

2019년 3월
역자 이미숙

저자 서문

🎯 이 책의 목적

이 책은 질적연구 방법론 및 방법을 활용하여 학위논문을 작성하고자 하는 학위과정생에게 도움을 주기 위해 쓰였다. 질적연구방법을 활용한 연구수행 과정에는 통용되는 공통의 단계가 있기 때문에, 이러한 절차와 단계는 질적연구방법을 활용하여 학위논문을 작성해야 하는 과정생이라면 누구에게나 동등하게 적용될 수 있다. 학위과정생에게 적용되는 과정에는 북미의 경우 학위논문 계획서 및 학위논문 결과 발표가 포함되고, 유럽의 경우는 학위논문의 출판까지 포함하기도 한다. 여기서 제시되는 절차와 단계는 모든 대학에서 이루어지고 있으며, 이러한 절차와 단계를 거치는 대학원생들이 계속해서 증가하고 있다. 이처럼 통용되는 방식으로 연구를 진행한 결과물은 '연구에 대한 OECD의 정의(2002)'에 토대를 둔다.

> ……인류의 지식과 사회 · 문화의 새로운 적용 방법을 고안하기 위해 지식의 창고를 활용하고 확장시키기 위하여 체계적으로 진행된 창의적 작업물(p. 30).

우리는 어떠한 연구방법을 선택하든지 간에, 학위논문을 계획하고 작성하는 중에 구체적인 고려사항으로 여겨지는 일반적인 목차와 단계를 발견할 수 있다.

더불어 비즈니스와 공학, 교육과 설계 등 학문 간 경계를 넘어서서 연구자들의 협업을 이끄는 학문 간 연구가 이루어지는 경향이 증가하고 있다. 같은 맥락으로 질적연구방법과 양적연구방법의 결합이 있을 수 있다. 새로운 지식의 생성을 위한 새롭고 흥미로운 방법도 마찬가지로 OECD에 토대를 둔 결과를 도출해야 한다. 학위과정생이 진행하고 있는 연구의 규율에 대한 준수 정도를 알아보는 것은 지도교수의 관심거리가 될 수 있다. 당신은 혼합연구방법에 대한 내용을 접할 수 있는데, 이를 활용하기 위해서는 두 개 이상의 연구방법을 포함하는 것뿐만 아니라, 각 방법론과 연구방법이 적절하게 관련지어져야 한다. 예를 들어, 제시된 연구에서 통계뿐만 아니라 면담과 문서분석을 실시했다는 사실 자체가 혼합연구방법을 의미하는 것은 아니다. 이는 단지 세 가지의 연구방법이 사용되었다는 것만을 의미하는 것일 수 있다.

우리는 이 책을 쓰면서 학위논문을 검토하고 지도했던 우리의 경험을 서술했다. 이 책은 우리가 실행했던 프로그램의 경험과 비계(scaffolded) 학습의 개념을 기반으로 두고 있다. 이 책은 학위논문의 결과물과 연구자가 되는 과정은 차이가 있다는 것을 설명한다. 학위논문을 작성하는 방법에 대한 안내서는 차고 넘친다. 이와 같은 문헌들은 도움이 될 수 있지만, 논문을 작성하는 과정 중 고려해야 하는 사소한 요소들을 대부분 간과하고 있다. 사소한 요소들에는 학위논문을 시작하는 방법이나, 연구결과에 영향을 미칠 수 있는 행정적인 고려사항 등이 해당될 수 있다. 이 책은 이와 같은 사소한 요소들을 포함한 진행 과정을 소개함으로써 학위과정생들을 안내하고 논문을 작성하는 데 사용될 수 있는 정보를 제공한다.

🎯 수준

이 책은 학위과정생에게 다음과 같은 사항을 제공하고자 한다.

• 방법론에 대한 정보, 개인적인 사항, 정서적인 사항, 실제적인 사항, 기관에 대한 정보 등 폭넓은 범위의 주제들을 다루어, 다양한 요구를 지닌 학생들에게 적합한 조언과 안내를 제공하고자 한다.

- 방법론, 연구방법, 과정, 실행 등을 보여 줄 수 있는 연구를 다양하게 소개하고자 한다.
- 학위논문을 진행하는 과정을 보여 줄 수 있는 사례를 활용하고자 한다.

철저한 이론적 원리, 방법론적 원리, 행동 강령 등을 바탕으로 연구를 수행할 때, 우리는 삶의 실제 장면에 이를 적용하고 경험함으로써 연구자의 기술과 기교가 향상된다는 이해를 밑바탕에 두고 연구를 진행하였다. 학술적인 연구를 처음 시작하는 사람들은 자신의 연구 활동에 이론적 · 방법론적 · 기술적 방식을 적용하는 것에 대해 많은 걱정과 불확실성을 가지게 된다. 이러한 걱정과 불확실성을 해소할 수 있도록, 이 책은 학위논문을 작성하면서 각 단계에서 부딪힐 수 있는 중요한 내용을 다루고자 한다.

🎯 구성

이 책은 학위논문을 진행하는 전형적인 과정이 목차로 구성되어 있지만, 이것이 순서의 개념을 지니고 선형적인 과정으로 진행해야 한다는 것을 의미하지는 않는다. 논문 작성의 과정이 이 책에서 제시하는 것과 다른 순서일 수도 있지만, 이 책에서 언급하고 있는 단계들은 논문 진행 과정에서 꼭 다루어져야 하는 것들이다. 논문 진행 과정을 경험하는 순서는 대학원생마다 다를 수 있다. 예를 들어, 문헌분석은 방법론이나 연구방법 전이나 후에 다루게 될 것이며, 서론을 작성하는 단계는 다른 단계들을 모두 다루기 전까지는 다루지 않을 수도 있다는 것이 이에 해당한다. 각 단계는 독립적으로 다루어지지만, 동시에 진행되기도 하며, 일부는 학위논문이 작성되는 몇 년에 걸쳐 동시에 작업이 이루어지기도 한다. 즉, 각 단계는 특정 기간에만 이루어지는 것이 아니라, 주어진 기간 전체에 걸쳐 이루어지기도 한다.

🎯 이 책을 사용하는 방법

이 책은 학위논문 작성의 단계를 순차적으로 제시하고 있다. 독자가 순서대로 읽을 수도 있지만, 띄엄띄엄 읽거나 각 단계에서 관심 가는 부분을 선택하여 읽을 수도 있다. 이 책을 참고하여 연구를 수행할 때 자신의 연구 진행 과정에서 한 번에 하나의 단계에만 집중하여 진행할 것을 추천한다. 학위를 위한 연구를 수행할 때, 우리가 가지고 있는 연구에 대한 노하우를 바탕으로 당신이 원활하게 결정을 내리고 논문을 진행할 수 있도록 도와줄 수 있다는 것을 알고 있으며, 학위과정생이 고민할 만한 문제들을 관리하는 방법, 전략적인 선택을 하는 방법, 기술이나 능력을 발전시키는 방법 등을 보여 줄 수 있는 예시를 제시하고자 하였다. 글쓰기의 예시는 독자들의 글쓰기 모델로 사용될 수 있을 것이다. 이 책은 실제의 연구와 논문작성 과정을 보여 주고 있으며, 독자는 제시된 예시들을 참고하여 자신의 연구에 적용할 수 있다.

차례

역자 서문 ······ 3
저자 서문 ······ 5

PART 1 **박사학위 준비하기** ··· 17

01단계 **책상 정리하기** ······ 19

■ 박사학위를 취득해야 하는 이유 ······ 20
■ 연구란 무엇인가 ······ 24
■ 논문이란 무엇인가 ······ 25
■ 신청서 제출하기 ······ 26
■ 연구질문 고민하기 ······ 26
■ 개념 정립하기 ······ 27
■ 연구자로서 자신의 위치 정하기 ······ 30
■ 지도교수와 의논하기 ······ 30
■ 표현상의 유의점 ······ 33
■ 추천도서 ······ 33
■ 결론 ······ 34

02단계 학위청구논문 심사 신청과 공개 발표 ······ 35

■ 연구 설계 ······ 36
■ 패러다임 ······ 39
■ 윤리적 요구사항 ······ 43
■ 연구를 위한 시간 계획 ······ 44
■ 비용 ······ 45
■ 학위논문 계획서 발표 ······ 45
■ 지지 집단 ······ 46
■ 표현상의 유의점 ······ 47
■ 추천도서 ······ 48
■ 소소한 문제 다루기 ······ 50
■ 글쓰기의 규칙 ······ 50
■ 부적절한 표현 ······ 51
■ 용어 사용 ······ 52
■ 문단 ······ 52
■ 연구의 방향성 제시 ······ 53
■ 추천도서 ······ 54
■ 논문의 구성 ······ 54
■ 결론 ······ 55

03단계 윤리적 고려 ······ 57

■ 윤리적 고려는 왜 필요한가 ······ 57
■ 윤리적 고려는 무엇인가 ······ 57
■ 윤리위원회 ······ 58
■ 연구 윤리 승인 ······ 59
■ 잠재적 문제 확인하기 ······ 60
■ 연구 윤리 승인 신청서 작성하기 ······ 61
■ 호주 원주민과 토레스 해협 섬 주민 연구학회의 윤리적 연구 원칙 ······ 69

■ 글쓰기의 예시 1 ······ 70

■ '글쓰기의 예시 1'에 대한 해설 ······ 71

■ 글쓰기의 예시 2 ······ 73

■ '글쓰기의 예시 1과 2'에 대한 해설 ······ 77

■ 표현상의 유의점 ······ 80

■ 연구 윤리 승인 거부 ······ 81

■ 추천도서 ······ 82

■ 결론 ······ 82

PART 2 박사학위논문 작성하기 ··· 85

04단계 이론적 배경 ······ 87

■ 이론적 배경 ······ 87

■ 이론적 배경 작성을 위한 문헌 검토 ······ 88

■ 문헌 검토란 무엇인가 ······ 89

■ 1인칭 대명사와 능동태 ······ 91

■ 문헌 읽기의 시작 ······ 91

■ 글쓰기의 예시 ······ 93

■ '글쓰기의 예시'에 대한 해설 ······ 96

■ 문헌의 인용 ······ 97

■ 이론적 배경의 내용 ······ 98

■ 시제 ······ 98

■ 유용한 소프트웨어 활용하기 ······ 99

■ 표현상의 유의점 ······ 99

■ 추천도서 ······ 100

■ 결론 ······ 101

05단계   방법론 ······ 103

- 방법론 시작하기 ······ 104
- 후기 구조주의 ······ 105
- 비판이론가 ······ 108
- 페미니스트 ······ 109
- Foucault, Derrida, Lyotard ······ 110
- 재건주의 ······ 111
- 현상학 ······ 112
- 상징적 상호작용론 ······ 113
- 방법론 선택하기 ······ 114
- 글쓰기의 예시 ······ 116
- '글쓰기의 예시'에 대한 해설 ······ 118
- 표현상의 유의점 ······ 118
- 추천도서 ······ 120
- 결론 ······ 121

06단계   연구방법 ······ 123

- 연구방법 시작하기 ······ 124
- 적용할 수 있는 연구방법 ······ 124
- 연구방법 선택하기 ······ 125
- 연구의 내부자적 및 외부자적 위치 ······ 131
- 글쓰기의 예시 ······ 133
- '글쓰기의 예시'에 대한 해설 ······ 134
- 표현상의 유의점 ······ 134
- 추천도서 ······ 136
- 결론 ······ 137

07단계 기법 ······ 139

- 면담 ······ 140
- 포커스그룹 면담 ······ 141
- 조사 ······ 142
- 관찰 ······ 144
- 현장 노트 ······ 145
- 메모 ······ 145
- 일지와 저널 ······ 146
- 사진과 동영상 ······ 146
- 글쓰기의 예시 ······ 147
- '글쓰기의 예시'에 대한 해설 ······ 148
- 표현상의 유의점 ······ 148
- 추천도서 ······ 148
- 결론 ······ 149

08단계 자료수집 ······ 151

- 자료수집 시작하기 ······ 151
- 자료수집과 방법론 ······ 152
- 자료수집과 연구방법 ······ 152
- 자료수집과 기법 ······ 154
- 자료수집을 위한 도구 ······ 155
- 글쓰기의 예시 ······ 155
- '글쓰기의 예시'에 대한 해설 ······ 158
- 표현상의 유의점 ······ 158
- 추천도서 ······ 158
- 결론 ······ 159

09단계 **자료분석** ⋯⋯ 161

■ 자료분석 시작하기 ⋯⋯ 161
■ 자료분석과 방법론 ⋯⋯ 164
■ 글쓰기의 예시 ⋯⋯ 165
■ '글쓰기의 예시'에 대한 해설 ⋯⋯ 167
■ 표현상의 유의점 ⋯⋯ 168
■ 추천도서 ⋯⋯ 168
■ 결론 ⋯⋯ 169

10단계 **결론 및 제언** ⋯⋯ 171

■ 왜 결론을 도출하고 제언을 하는가 ⋯⋯ 171
■ 결론 및 제언 시작하기 ⋯⋯ 171
■ 글쓰기의 예시 ⋯⋯ 172
■ '글쓰기의 예시'에 대한 해설 ⋯⋯ 174
■ 표현상의 유의점 ⋯⋯ 175
■ 추천도서 ⋯⋯ 175
■ 결론 ⋯⋯ 175

11단계 **논문 마무리, 제출과 심사** ⋯⋯ 177

■ 논문 마무리하기 ⋯⋯ 177
■ 논문의 완성과 제출 ⋯⋯ 178
■ 구두발표 ⋯⋯ 179
■ 감사와 헌정 ⋯⋯ 179
■ 편집과 형식 체계화 ⋯⋯ 180
■ 심사 이후의 절차 ⋯⋯ 182
■ 추천도서 ⋯⋯ 183
■ 결론 ⋯⋯ 183

12단계 학위논문의 출판 ······ 185

■ 학위논문 출판의 목적 ······ 185
■ 출판 형태 ······ 186
■ 장르 결정하기 ······ 187
■ 가능한 집필 분야 ······ 189
■ 출판 가능성 ······ 193
■ 추천도서 ······ 194
■ 결론 ······ 194

참고문헌 ······ 197
찾아보기 ······ 201

Part 1
박사학위 준비하기

01단계 책상 정리하기
02단계 학위청구논문 심사 신청과 공개 발표
03단계 윤리적 고려

책상 정리하기

　우리는 박사과정을 시작하는 것에 대해 여러 가지로 생각해 본다. 박사과정을 시작하는 것이 어떤 사람에게는 영예로운 학위를 얻어 다음 단계로 나아갈 수 있는 중요한 기회가 되기도 한다. 해당 분야에서 특별히 전문가의 지위를 가지고 있는 사람은 박사과정을 시작하는 것에 대해 한동안 고민할지도 모른다. 학문적으로 뒤떨어져 있는 사람은 박사과정을 시작할 것을 요구받거나 그렇게 하도록 설득당할지도 모른다. 박사과정에 대한 이러한 생각은 매혹적이기도 하지만, 박사과정을 시작하게 되면 고비 사막의 중심에서 저 멀리 떨어진 베이징에 있는 만리장성에 가는 것과 같이 수많은 단계와 과제를 거쳐야 한다고 볼 수 있다. 물론 박사과정은 실제 그럴 수도 있고 아닐 수도 있다. 박사과정은 도달해야 할 각 단계가 있는데, 이러한 단계들은 당신이 당신의 목적지에 더 가까워질 수 있도록 한다. 만약 당신이 석사과정이나 박사과정에 입학하고자 한다면, 당신은 HDR(Higher Degree by Research) 후보자로 고려될 것이다. 국가에 따라서는 정부가 대학의 HDR 프로그램을 연구훈련 학위(Research Training Degrees) 또는 연구훈련 제도(Research Training Schemes)라고 부르는데, 이러한 용어들은 혼용되어 사용될 수 있다. 보통 HDR에 등록된 학생들을 후보자라고 부른다. 어떠한 HDR이든 공통적으로 박사학위를 취득하기 위한 단계들(milestones)을 확인하고 그 단계들에 따라 자신의 학위논문을 진행해 나가야 한다.

박사학위를 취득해야 하는 이유

박사학위를 취득하려고 하기보다는 하지 않으려는 이유가 더 많을 수 있다. 다음을 살펴보자.

- 이유 1: "내가 박사학위를 끝낼 때가 되면, 나는 ○○살이 되어 있을 것이다."
- 스포일러 1: 당신이 박사학위를 하든 하지 않든 어차피 당신은 그 나이가 되어 있을 것이다. 그때 박사학위를 가지고 있지 않은 것보다 가지고 있는 것이 훨씬 나을 수 있다.
- 이유 2: "박사과정을 마치려면 수년이 걸릴 것이다."
- 스포일러 2: 물론 그럴 것이다. 당신의 첫 번째 학위인 학사학위는 아마도 4년 정도 걸렸을 것이고, 그 정도면 당신은 잘한 것이다. 이러한 시간들이 얼마나 빨리 흘러갔는지를 생각해 보라. 당신의 박사과정은 빠르면 3년 정도 걸릴 수 있는데, 전일제 또는 시간제로 4년 더 연장할 수 있다. 박사과정으로 허락된 시간은 협상 가능한 것이 아니며, HDR 후보자로서 정해진 기간이 있다. 당신의 대학은 박사학위를 받을 때까지 걸리는 기간을 정해 놓았을 수 있다. 박사과정의 일반적인 기간은 3년이고 경우에 따라서는 4년이 될 수도 있으며, 석사과정은 2년 내지 3년이다. 하지만 이것은 당신이 12세였을 때 13세가 될 때까지 한 해를 꼬박 기다려야 하는 것과는 다르다. 이제는 성인이 되었고, 시간이 매우 빨리 지나간다고 느끼고 있을 것이다. 박사학위과정 동안의 시간은 당신이 생각하는 것보다 훨씬 더 빨리 지나갈 것이다. 지도교수로서의 경험에 의하면, 우리가 제시하는 단계를 잘 따르고 우리가 제안하는 속도로 글을 쓰는 사람들의 경우 박사과정을 3년 안에 마칠 수 있었다.
- 이유 3: "나는 그럴 만한 시간이 없다."

- 스포일러 3: 시간이 있는 사람은 아무도 없다. 우리 모두는 자신의 역할을 수행하며 살아가고 있다. 우리는 대출을 받고, 일을 하고, 장을 보고, 요리를 하고, 청소를 하며, 취미생활을 하고, 스포츠를 즐기고, 여가생활을 하고, 다루기 힘든 동료를 대해야 하며, 자녀들을 돌보아야 하고, 법을 지켜야 하고, 연로한 부모님을 보살펴야 하고, 좋은 이모와 삼촌이 되어야 하고, 또한 지역사회에 참여해야 한다. 이 모든 것이 오로지 한 사람의 역할이다. 우리가 학창시절에 공부에 대한 의무 내지 책임을 지니고 있었던 것처럼, 지금은 우리가 우리 자신에 대해 전적인 책임을 지고 있다. 하지만 당신은 이미 학사학위를 가지고 있고, 그래서 이미 이에 대한 경험을 가지고 있다.
- 이유 4: "나는 박사학위를 할 정도로 똑똑하지 않다."
- 스포일러 4: 그렇지 않다. 만약 당신이 초등학교 4학년을 통과할 수 있다면, 당신은 박사학위과정을 통과할 수 있다. 특별하고 거창한 것은 없다. 단지, 관습이 있고, 따라야 할 규칙이 있으며, 해야 할 특별한 과제가 있다. 그게 전부다. 당신은 학위과정을 마칠 때까지 정해진 단계대로 나아가면 된다. 당신이 박사과정을 마치는 데 도움을 주는 것은 주변에서 박사학위를 취득한 바보들을 보면서 내가 그들보다 더 똑똑하지는 않더라도 적어도 그들만큼 똑똑하다는 것을 아는 것이다.
- 이유 5: "내가 하는 일에 도움이 되는 것은 나의 경험과 지식이 가진 폭과 깊이이기 때문에 박사학위를 하는 것은 필요하지 않다고 생각한다."
- 스포일러 5: 하지만 당신이 가고 싶어 하는 자리가 박사학위 또는 그에 상응하는 자격을 요구한다면 박사학위과정을 하는 것이 필요하다. 실제적인 지식이 그 자체로 가치 있다 하더라도 연구를 통해 생성된 지식과는 같지 않다는 것을 말하고 싶다. 자신의 학생을 위해 훌륭한 프로그램을 개발하고 실행하며 훌륭한 성과까지 도출할 수 있었다면 의심의 여지도 없이 훌륭한 교사라고 할 수 있다. 하지만 우리는 그들을 교육 연구자로 생각하지는 않는다.
- 이유 6: "나는 나의 직장이 학력편중주의에 다가가는 것을 반대하고, 또 학력편중주의를 부추기는 것 자체에도 강하게 반대한다."
- 스포일러 6: 그러한 관점 때문에 누가 피해를 보는가? 당신 자신의 조용한 저

항은 꽤나 비효과적이고, 학력편중주의로 진행되는 것을 전혀 막을 수도 없다. 반대로 당신은 그에 대한 피해를 받게 되는 유일한 존재가 될 수 있다. 정육점 주인이 외과 의사가 되고 미용사가 치과 의사가 되는 것을 막아 주는 자격인정주의는 우리에게 불이익을 주는 것이 아니라 모두에게 유익한 것이다.

- 이유 7: "나는 이대로가 좋다. 나는 나보다 더 자격 있는 다른 사람들보다 먼저 직업을 가졌고, 다른 어떤 사람들보다도 빨랐다."

- 스포일러 7: 그건 정말 대단한 일이지만, 당신이 박사학위를 취득하지 않으면 결코 나아갈 수 없는 지점이 존재하기 때문에 언젠가 벽에 부딪히는 날이 올 것이다. 당신은 당신의 길을 향해 앞으로 나아가는 중에 열심히 노력해서 박사학위를 취득한 사람들을 앞서 지나쳐 갔을 것이다. 하지만 지금은 그들이 자신들의 길을 향해 앞으로 나아가면서 당신을 앞서 나가기 시작할 것이다. 그럼에도 불구하고 당신이 박사학위를 필요로 하지도 않고 원하지도 않는다면 하지 말라. 당신은 이 글을 더 이상 읽을 필요도 없다.

- 이유 8: "다른 사람들이 내 분야에 대한 연구들을 이미 해 버렸다. 내가 추가할 만한 것이 아무것도 없다."

- 스포일러 8: 그것이 박사학위과정을 하지 말아야 하는 이유가 될 수 없다. 당신은 전체 분야를 다루는 것이 아니라 그중의 일부분을 다루는 것이다. 사람들이 이미 당신의 분야에서 중요한 것들을 많이 이루었을 수 있다. 하지만 그것은 문제가 아니다. 왜냐하면 당신이 마음속에 생각하고 있는 것들이 그 분야의 기존 지식에 도전할 수도 있고, 향상시킬 수도 있으며, 때로는 확장시킬 수도 있는 다양한 관점을 제공할 수 있기 때문이다.

- 이유 9: "나는 내 전공을 싫어했다. 박사학위과정에 들어간다는 것은 내가 가장 하기 싫은 것과 다시 엮이는 것이다."

- 스포일러 9: 만약 그렇다면, 그 분야 내에서 탐구하기에 보다 더 흥미롭고 가치 있는 영역이 무엇인지 살펴보라. 박사학위는 다양한 분야들을 관련짓는 것이다. 당신이 일하기 원하는 분야 내에서 연구하기로 결정하든, 아니면 당신이 흥미를 느끼는 기존의 연구 프로젝트 내에서 연구를 해 보기로 결정하든, 당신의 박사학위과정이 어떻게 진행되기를 원하는지 스스로 결정할 수

있다.

- 이유 10: "나는 그럴 만한 경제적 여유가 없다."
- 스포일러 10: 만약 우리 모두가 이러한 생각으로 접근한다면 교육은 전혀 있을 수 없다. 교육은 매우 가치 있는 것이기 때문에 언제나 비용이 든다. 각 국가의 정부는 대학원 과정의 중요성과 그것을 시기적절하게 마치는 것의 중요성을 인정하고 대학원 과정을 장려하는 정책들을 펼치고 있다. 이러한 정책들에는 학자금, 장학금, 학비 면제 등이 있으며, 이런 것들은 당신이 박사학위과정을 성공적으로 마칠 수 있도록 도와줄 것이다. 이와 같은 지원을 받기 위해서는 대개 정부의 조건에 따라 해당 대학에서 구체화시킨 규정을 준수해야 한다.

　각 대학은 박사학위 후보자에게 등록금을 면제해 주거나 장학금을 제공하는 것과 같은 방법으로 재정 지원 기관을 통해 지원을 제공하고, 후보자들을 위한 계획들을 내세우고 있다. 국가에서 박사학위과정을 위한 장학금을 제공한다면, 이를 신청하기 위한 기준과 지침이 있을 것이다. 이러한 기준과 지침에 대해 알아보는 것은 매우 가치 있고, 이러한 기준에 당신이 적절한지를 살펴볼 수 있게 될 것이다. 당신이 가고 싶어 하는 대학에서도 대학 자체의 장학금을 제공할 수 있는데, 신청방법과 기간을 알아보아야 할 것이다. 또한 장학금을 받기 위한 조건들을 살펴볼 수도 있다. 예를 들면, 학술지에 논문을 발표해야 하는지, 현장에서의 실습을 필요로 하는지, 심사위원회로부터 심사를 거쳐야 하는지 등을 고려해야 할 필요가 있다. 이러한 요구 조건을 숙지하고 마감일 전에 그러한 조건을 충족시킬 수 있도록 해야 한다.

　당신은 박사학위를 취득하지 않으려고 하는 더 많은 이유가 있을 수 있고, 그러한 이유들은 꽤 합리적일 수 있다. 하지만 당신은 당신이 박사학위를 취득해야 하는 이유들을 당신 스스로에게 알려 줄 수 있다. 박사학위과정으로 나아간다는 것은 연구를 수행하고 지식에 기여한다는 것을 의미한다.

연구란 무엇인가

　당신은 먼저 학위를 일컫는 용어에 대해 이해할 필요가 있다. 그것은 바로 HDR인데, 이는 학위취득의 과정이 연구 활동에 기초를 두고 있다는 것을 의미한다. Shorter Oxford English Dictionary에서는 연구를 "새로운 것을 발견하거나 오래된 것을 분석하는 노력, 대상(subject)에 대한 과학적 연구 또는 비평적 탐구의 과정에 의한 것"이라고 정의하고 있다. 자신을 연구자라고 부르는 사람들은 실제로 그들의 동료에 의해 연구로 인정되는 것들을 수행한다. 연구는 이론을 개발하고, 평가하고, 변화시키는 수단이 된다. 연구가 지니고 있는 이와 같은 의미들은 상호보완적이며, 연구는 주로 대학에서 이루어지고 있다.

　연구가 무엇을 의미하는지에 대해 다양하게 생각해 보기 위해서는 연구를 하는 사람이 주어진 활동을 어떻게 연구로서 규정하는가를 고려할 수 있다. 연구자들의 공동체는 그것이 연구인지를 구별하는 세 가지의 공통적인 기준이 있다. 그 세 가지 기준은 ① 특별한 이론적 관점을 취하고, ② 특별한 연구 문제 또는 질문을 추구하고, ③ 특별한 연구방법을 취하는 것이다.

　OECD(2002)에서는 연구를 새로운 지식을 생성하거나 또는 기존의 지식을 새로운 방법으로 사용하는 것이라고 하였다. 대부분의 사람들은 두 번째 의미를 따르게 되는데, 선행 연구자들이 이루어 둔 것을 토대로 개발하고, 연장하고, 세우는 작업을 하게 된다. 연구는 단순히 그 주제에 대해 다른 사람들이 작성해 놓은 모든 것을 읽거나 그것을 재생산하는 것이 아니다. 그것은 그 주제에 대해 다른 사람들이 작성해 둔 것을 조사하고 당신이 발견한 것이 다른 사람들이 이미 작업해 둔 것에 어떻게 기여할 수 있는지를 보여 주는 것이다. 즉, 당신이 실행하는 어떤 주제에 대한 조사와 연구를 통해 기존 지식에 대한 당신의 재해석과 연구과정에서 도출된 새로운 지식이 그 분야에 기여하게 되는 것이다.

🎯 논문이란 무엇인가

　당신은 이제 책이 아닌 논문을 작성해야 한다는 사실에 직면해야 하고, 당신의 지도교수나 대중이 아닌 4~5명의 심사위원을 위해 글을 써야 한다. 당신은 이쯤에서 '장르'에 대해 생각해 보아야 한다. 여기서 우리가 관심을 갖는 장르라고 하는 것은 글의 유형이라고 할 수 있다. 각각의 글의 유형 또는 장르는 고유하면서도 독특한 특성을 가지는데, 이러한 특성은 독자나 저자가 글 속에서 나타내기를 기대하는 특성이라고 할 수 있다. 이러한 장르는 소설, 교과서, 단편 소설, 시, 보고서, 신문 기사, 학술 논문, 학술 서적 등을 포함한다. 논문은 각 장이 논문이라는 장르의 하위 장르가 될 수 있는 특별한 장르라고 할 수 있다(10단계 참조). 당신은 아마도 이전에 이러한 장르의 글을 써 본 적이 없을 것이고, 아마도 처음이자 마지막이 될 수도 있겠지만, 이러한 장르의 글을 어떻게 쓰는지를 배울 수 있을 것이다. 만약 당신이 박사학위 후보생을 지도하고 있다면, 대학에서 자질 있는 학자의 자격으로 후보생들이 논문이라는 장르의 글을 쓰는 방법을 배우도록 도울 수 있을 것이다.

　당신은 다른 유형의 글을 쓰는 것도 배울 필요가 있는데, 예를 들면 학문적 에세이, 연구 보고서, 공식적인 편지, 시, 창의적인 서사(creative narrative)이다. 이러한 각각의 유형들은 독특한 특성들을 가지고 있다. 당신은 논문을 작성하기 위해 이러한 다양한 글의 유형을 배울 수 있다. 중요한 것은 그것을 학문적 도서, 장, 기사들처럼 동일한 방식으로 작성하지 않는다는 것이다. 즉, 당신 분야의 연구 전문가들에 의해 검토될 수 있는 논문으로 작성되어야 한다. 이와 같은 과정은 연구자가 되고 박사가 되기 위한 과정이다. 이는 당신이 자신의 분야에서 인정받는 연구자로서 자리 잡도록 하고 자신의 분야에서 연구 전문가 중 한 사람이 되는 훈련의 한 부분이라고 볼 수 있다.

🎯 신청서 제출하기

당신이 박사과정을 시작하기로 결정하였다면, 무엇을 연구할 것인지, 누구를 대상으로 연구할 것인지, 어떠한 방법으로 연구할 것인지에 대한 계획을 세워야 한다. 이러한 것들을 생각하고 나서 대학에 신청서를 제출하게 될 것이다. 연구의 제목을 정하고(논문을 완성하여 제출할 시기에는 아마도 제목이 바뀌어 있을 것이다), 연구에 대한 250자 정도의 요약문을 제출할 것이다. 각 대학은 학생연구활동을 주관하는 대학원이라는 행정 기관이 있다. 대학원 행정실에서는 당신의 신청서를 검토하고, 적합한 지도교수를 배정해줄 것이다.

🎯 연구질문 고민하기

당신이 박사학위논문 계획서에 대해 생각하는 첫 번째 단계들 중 하나는 무엇을 연구할 것인가에 대해 스스로 질문하는 것이다. 즉, 당신은 연구질문을 생성하게 될 것이다. 여기서 '질문(question)'이라는 단어에 집중해 보자. 이것은 어떤 문제(problem)나 이슈(issue)를 의미하는 것이 아니다. 문제나 이슈는 논문이 아닌 연구 보고서와 같은 장르에서 사용될 수 있다. 덧붙이면, 당신이 만들어야 하는 질문이라는 것은 어떻게(how) 또는 왜(why)에 대한 질문이다. 그것은 무엇(what)에 대한 질문(이것은 연구 보고서에서나 다루어질 법한 질문이다)이 아니다. 당신은 '연구'에 대한 정의를 기억해야 한다. 연구는 새로운 지식을 만들어 내거나 새로운 방법으로 기존의 지식을 활용하는 것이라고 하였다. '무엇'에 대한 질문은 당신을 기존의 지식에 다가가도록 하게 할 뿐, 당신이 새로운 지식을 만들거나 새로운 방법으로 기존의 지식을 활용하도록 하는 영역으로 이끌어 주지 않는다.

실제적인(practical) 영역이든 기술적인(technical) 영역이든 모든 영역은 연구를 위한 질문을 지속적으로 만들어 온 역사를 지니고 있다. 예를 들면, 교육에서는 무엇을 가르치고 무엇을 배워야 하는지에 대한 문제를 지속적으로 언급해 왔다. 박물관 과학에서는 자연적이고 문화적인 유물을 어떻게 가장 잘 보존할지에 대한 기술적인 문제에 계속 집중해 왔다. 어떤 질문들은 철학적이고(개념적이거나, 추론적이거나, 둘 다 해당되거나), 어떤 질문들은 실증적이기보다는 규범적인 질문에 보다 초점을 둔다. 앞으로 당신은 이러한 질문들에 초점을 두게 될 것이다. 반면에, 검증될 수 있는 가정, 만들어져야 하는 어떤 진실, 또는 당신이 검증하고자 하는 어떤 믿음에는 초점을 두지 않을 것이다. 우리가 다루게 될 질적연구는 가설에 대해 언급하지 않는다. 우리는 본질에 대한 인식을 질문하게 될 것이다.

🎯 개념 정립하기

물론 당신은 이미 확립된 개념을 가지고 작업하게 될 것이다. 당신이 먼저 이해해야 할 것 중의 하나는 바로 이론과 그것이 당신의 연구에서 어떤 역할을 하는가 하는 것이다.

이론

이론(theory)은 연구의 기초가 되는 것이다. 질문은 무엇이 발생했는가가 아니라 왜 또는 어떻게 발생했는가 하는 것이기 때문에, 이러한 왜 또는 어떻게를 설명하기 위해 당신은 이론을 가져오게 될 것이다. 이론이라는 단어와 개념 자체는 연구자에게 매우 구체적인 의미를 지닌다. 이론은 가설도 아니고, 증명되거나 확립되어야 할 것도 아니다. 이론은 당신이 그것과 관련되기 전에 기존의 연구자들에 의해 이미 행해진 것이다. 이론은 비공식적인 추측이나 직감이 아니다. 이론은 증거에 기반을 둔 원리 또는 진술의 결집이며, 그 분야에서 인정하고 받아들인 것이다. 연구의 측면에서 이론은 상황을 적용하고 설명하기 위해 사용될 수 있는데, 이론은 어떤 것이 왜 또는 어떻게 발생하는지를 설명하기 위한 것이며, 일반적으로 받아들여지는 원리의 결집체이다. 누군가가 다윈의 진화론에 대해 "하지만 그건 그냥 이론일 뿐입니다."(Fry,

2013)라고 말하는 것처럼, 사람들이 이론을 경시하는 경우를 볼 수 있다. 하지만 연구와 관련하여 보았을 때, 이론은 중요하지 않은 것이 아니다. 이론은 특정 지식을 받아들일 수 있을지의 여부를 결정하기 위해 중요한 역할을 한다. 이론은 일반적으로 그 연구 분야에서 받아들여질 수 있기 때문에, 다른 현상들을 설명하기 위해 적용될 수 있다. 일상적인 대화에서 "나는 사람들이 개를 좋아하기보다 고양이를 좋아한다는 이론을 가지고 있다."라고 말할 때, 이는 맥락상으로는 아무런 문제가 없다. 이 경우에는 사람들이 일상생활 중에서 추측과 가정을 하는 것이라고 볼 수 있다.

하지만 연구에서는 이론이라는 개념을 이와 같이 사용하지 않을 것이다. 연구 분야에서의 이론은 질문 아래에 있는 것이 아니기 때문에 연구자로서의 우리는 앞에서 언급한 추측과 가정의 관점을 가지지 않는다. 우리는 의문의 여지가 없는 용인되고 확립된 이론을 필요로 한다. 이것은 실증주의자와 양적연구뿐만 아니라, 후기 구조주의, 현상학, 상징적 상호작용주의와 같은 해석주의자와 질적연구에도 적용된다. 이론이란 당신이 있는 연구 분야에서 어떤 것이 발생되는 것에 대한 일반적으로 받아들여지는 설명이다. 당신이 선택할 수 있는 많은 이론이 존재한다. 이것은 하나의 이론이 다른 어떤 이론보다 더 낫다는 것을 의미하지 않는다. 단지 하나의 이론이 다른 어떤 이론보다 당신의 연구에 보다 더 적합하다는 것을 의미한다.

연구에서 당신이 작업하고 있는 이론은 당신의 방법론(methodology)이다. 방법론은 연구를 통해서 지식을 생산하는 이론이고, 연구자로서 진행해 나가야 할 방향에 대한 논리를 제공한다. 이론은 당신의 연구를 입증해 준다.

자료

자료(data)는 당신이 연구에서 생성해 낸 살아 있는 재료이다. 자료는 면담, 설문지, 조사, 문서의 변환, 일기 또는 잡지의 목록, 관찰 기록, 사진, 비디오테이프, 오디오테이프, 면담 전사본 등에 대한 당신의 반응과 해석이라고 볼 수 있다. 당신은 정복자 윌리엄이 영국으로 들여온 말, 기병대, 선박의 수를 그림으로 볼 수 있지만, 이것은 단지 자료일 뿐이다. 당신이 연구를 입증하기 위해 선택한 이론과 관련하여 이 자료를 분석하기 전까지 그것은 자료 자체로 남아 있게 된다. 자료는 당신이 연구자로서 매우 많은 관심을 두는 것이지만, 그것을 사용해서 분석적 작업을 하기 전까지는 자료 그 자체의 모습만을 지니고 있을 뿐이다.

정보

정보(information)는 자료분석을 통하여 만들어진다. 정보는 당신이 연구에서 다루었던 사실들이다. 즉, 정보는 그림, 사실, 자료로부터 수집한 것들이다. 정보는 결코 지식이 아니고, 또 지식이 될 수도 없다. 정보는 당신의 이론을 통해 걸러지고, 이론을 통해 걸러져 정보가 지식이 되면 연구에 의미 있는 것으로 적용된다. 정보는 매우 공적인 것으로 내면화되지는 않는다. 당신은 1066년 리처드 왕이 헤이스팅스 전투에서 정복자 윌리엄으로부터 패배를 당했음을 알고 있다. 하지만 당신이 이것을 가지고 어떤 것을 하기 전까지 그것은 정보 그 이상도 그 이하도 아니다. 정보는 당신의 연구 프로젝트를 특징지을 수는 있지만, 연구자인 당신에게 주요한 관심사가 아니다. 하지만 지식은 당신에게 주요 관심사가 될 수 있다.

지식

지식(knowledge)은 정보와 자료가 걸러지고 의미 있는 것으로 적용된 것을 말한다. 1066년이라는 해를 정복자 윌리엄이 영국으로 들여온 말, 기병대, 배의 수와 연결해서, 리처드 왕의 전투에서의 패배가 그 당시 영국에 엄청난 사회적·정치적·경제적 변화를 이끌었다는 역사적 해석을 이끌어 낼 때, 당신은 이제 지식의 영역에 있는 것이다. 당신이 사용하고 있는 이론과 관련지어 생성한 자료와 정보를 강조할 것이고, 그렇게 함으로써 박사학위 활동에 필수적인 지식을 생성하게 될 것이다.

🎯 연구자로서 자신의 위치 정하기

학술도서, 학술지의 논문, 학술대회 자료집과 같은 질적연구 출판물을 읽을 때, 저자가 자신을 연구자라고 지칭하고 문장을 수동태로 제시한 경우를 가끔씩 볼 수 있다. 예를 들면, 설정되었다, 관찰되었다와 같은 표현들이다. 이러한 언어 사용을 통해 연구에서 객관성을 취한 것이라고 볼 수 있다. 하지만 다른 출판물에서는 연구자 자신을 1인칭의 관점으로 나타내고, 문장을 능동태로 제시하는 경우도 있다. 예를 들면, 나(우리)는 구축했다, 우리는 관찰했다. 1인칭의 관점을 사용하는 연구자들은 자신을 연구자로 지칭하며 문장을 수동태로 사용하는 것이 객관성을 나타낸다는 주장에 반대하는데, 이들은 해석주의 전통에 의해 질적연구에서 취해지는 명백한 주관성이 있다는 것을 강조한다.

당신이 학위논문 또는 다른 형태의 연구를 발표할 때, 연구자로서의 자신의 위치에 관해 결정내려야 한다. 이것은 개인적 선호나 학문적 성향 그 이상의 것에 근거하여 결정된다. 이런 결정은 당신이 자신을 연구자로서 어떠한 방식으로 바라보느냐에 근거한 것이다. 우리 질적연구자들은 1인칭과 능동태를 사용하는 입장을 취하는데, 이는 우리가 질적연구자이고, 우리의 활동에서 실제로 수용해 온 주관성을 숨기거나 위장하려고 시도하지 않는다는 것을 의미한다. 질적연구의 타당성 문제에 관한 Scheurich(1997)의 논의는 이러한 점에서 참고할 만하다. 당신이 학위과정이라는 이러한 단계를 밟아 나가며 성취하는 동안에 1인칭 시점과 능동태 사용에 대한 학문적 논쟁에 놓일 수 있다. 따라서 이 책을 자세히 읽을 필요가 있다. 하지만 이 시점에서는 당신이 연구에 대한 글을 쓰게 될 때 자신을 어떻게 위치시킬 것인가에 관하여 결정하는 것으로 충분하다(2단계 참조).

🎯 지도교수와 의논하기

당신의 학위청구논문 신청서가 접수되었으나 당신을 지도하기 위해 준비된 경험 있고 활동적인 연구자와 당신이 이미 접촉한 것이 아니라면, 대학이 당신에게 그러한 접촉을 시도할 것이다. 대학은 누가 그 분야에서 활동하고 있고, 누가 그러한 전문 지식을 가지고 있으며, 누가 박사학위 후보자를 적절한 시간에 맞춰 졸업시킬 수 있는지에 대한 기록을 가지고 있다. 대표 지도교수는 박사학위 후보자 지도에 경험이 있고, 박사학위 후보자의 분야에서 전문 지식을 가지고 있는 활발한 연구자여야 한다. 이들은 각 후보자의 연구 분야와 방법론에 적합하게끔 연구가 윤리적이고 적절하게 수행되는 것을 보장할 책임이 있으며, 박사학위 후보자가 학위 심사에 적절한 방식으로 그들의 논문을 발표할 수 있도록 지원한다. 부 지도교수는 대개 그들의 연구 경험을 통해서 후보자의 학위를 위해 연구에 기여할 수 있는 사람이다. 후보자는 또 다른 지도교수를 둘 수 있는데, 이들은 논문지도 팀 또는 패널로서 중요한 전문 지식을 제공해 줄 수 있는 지도교수를 그들의 팀에 지명할 수 있다. 적어도 당신은 학위과정에서 주요한 책임을 담당하는 대표 지도교수와 당신의 연구를 지도하는 과정에서 중요한 역할을 해 줄 부 지도교수와 함께하게 될 것이다.

지도교수는 당신의 연구 논문에 대해 전반적인 책임을 맡고 있는 사람이다. 지도교수는 연구의 초점, 연구에서 수용할 방법론, 연구를 수행하기 위해 채택할 방법들에 대한 조언을 제공해 줄 것이다. 지도교수는 세미나, 학술대회, 논문 게재 등을 통해 연구 결과의 진행과 발표에 대한 지도를 제공해야 한다. 당신은 대표 지도교수 또는 부 지도교수와의 정기적인 만남을 계획해야 한다. 이것은 당신의 지도교수가 아닌 당신이 해야 할 일임에 주목해야 한다.

논문 심사위원회에서 위원회 위원장은 당신의 논문 진행에 대한 행정적 관리에 대한 책임을 맡고, 각 위원들은 당신의 논문에 대한 적절한 조언을 제공하는 역할을 한다. 당신은 심사위원회의 어느 위원이 방법론, 방법 그리고 발표에 대한 조언을 제공해 줄지에 대해 알게 된다. 당신은 위원회의 개별 위원들과 만날 약속을 정하고, 심사위원회 전체가 만나는 일정도 함께 세워야 한다.

최근 떠오르는 간학문적이고(cross-disciplinary) 다양한 연구방법의 추세에 따라, 심사위원회는 다양한 분야의 전문가들로 구성될 것이다. 이런 상황에서 각 학문 분야에서 요구하는 사항에 관하여 구체적이고 주의 깊은 의사소통은 과소평가될 수 없다. 항상 그렇듯이 훌륭한 의사소통은 다양한 분야의 심사위원들이 심사위원회에 다양한 입장을 가지고 와서 정리하는 것이다.

지도교수는 교사도, 강사도, 개인지도 교사도 아니며, 그들이 당신의 연구에 대한 지식과 책임을 가진 것도 아니다. 지식을 생성하는 사람은 바로 당신이며, 그들은 연구 도구, 규칙, 관례, 윤리에 따라 이것이 이루어질 수 있도록 안내하는 사람이다. 지도와 안내는 가르치는 것과 같지 않으며, 본질적으로 당신은 지도와 안내하에 독립적인 연구자로 성장해 나가는 과정이기 때문에 당신 자신의 책임으로 볼 수 있다.

여기서 다양한 선택사항이 있다. 만약 당신이 연구자 팀으로 구성된 기존 프로젝트에 참여하고 있다면, 그 프로젝트의 책임자가 당신의 대표 지도교수가 될 수 있고, 그 프로젝트에 참여하고 있는 다른 경험 있고 자격을 갖춘 사람이 부 지도교수가 될 수도 있다. 만약 당신이 혼자 연구 프로젝트를 수행하고 있다면, 당신의 대표 지도교수와 부 지도교수는 당신과 함께하게 될 것이다. '함께(with)'라는 것이지 '위해서(for)'가 아님을 주목하라.

호주에서 대학원 원장들(Deans and Directers of Graduate Studies: DDoGS; Council of Australian Deans and Directors of Graudate Stuidies, 2005)은 지도교수의 역할을 규명하였는데, 특히 대표 지도교수에 대해 '구체적인 연구 기술과 정보, 기술적 문헌, 윤리, 지적 재산, 학문적 출판, 학술대회 발표 등과 관련된 일반적인 기술의 발달에 중요한 역할을 하는 사람'이라고 하였다. 지도교수의 역할에 대한 당신의 대학 규정 또한 이러한 일반적 진술의 내용을 반영하였을 것이다.

당신과 지도교수는 연구 진행을 위한 사항들을 미리 계획할 필요가 있다. 구체적인 내용으로는 만남의 빈도, 초안의 제출과 피드백, 논문 출판 방식, 목표 지점에 이르기 위한 시간 계획, 이메일, 전화, 영상 통화, 면대면 등의 의사소통 수단의 선택, 윤리 신청서 제출 등이 있다. 이러한 것들은 초기에 정해지는 것이 좋다.

🎯 표현상의 유의점

두 가지 측면을 가지는 박사학위에 관련된 용어를 소개한다.

- 첫 번째는 정해진 규칙과 규약에 따라 수행되는 연구 자체이다. 두 번째는 연구가 보고되는 논문으로, 정해진 규칙과 규약에 따라 심사를 위해 제출하는 것이다. 박사학위과정을 밟는 데는 기본적으로 3, 4년의 시간이 필요하다. 당신은 **연구**(research)와 **논문**(thesis)에 대해 명확히 알아야 하며, 이것들은 혼용될 수 없다.
- 당신의 연구는 '**어떻게**(how)'와 '**왜**(why)'라는 질문과 관련되어 있으며, '**무엇**(what)'이라는 질문은 지양한다.
- 당신은 연구 질문을 만드는 데 초점을 맞출 것이다. 질적연구는 가설을 설정하지 않으므로 가설에 대한 것은 고려하지 않는다.
- 당신은 자료, 정보, 지식을 구별할 것이며, 이것들은 서로 혼용되지 않는다.

🎯 추천도서

- N. Blaikie(1993)의 『Approaches to Social Enquiry』는 Flick의 저서와 유사한데, '연구 주제'에 대한 내용을 담고 있다.
- U. Flick(2007)의 『Designing Qualitative Research』는 다음 단계인 후보자 확정과 관련하여 유용한 자료가 될 수 있다.
- U. Flick(2009)의 『An Introduction to Qualitative Research』는 용어와 개념을 명확히 하는 데 도움이 된다.

🎯 결론

　이 중 어떤 것도 당신이 감당할 수 없는 것은 없다. 많은 동료가 박사학위를 취득했으며, 결국 당신도 이를 취득할 수 있다. 당신이 취해야 할 다음 단계는 학위청구논문 계획서를 발표하여 일 년 안에 후보자 확정을 받는 것이다. 앞에서 언급했던 초기 단계에 생각해야 하는 문제들뿐만 아니라, 박사학위를 받기 위해서는 고려해야 할 더 많은 것이 있다.

　🖊 유용한 정보 1

논문 심사를 위해 논문의 가장 초기 단계에서 컴퓨터의 스타일 기능을 사용해 각 장의 제목과 소제목을 만들라. 스타일 기능을 사용한 제목들은 목차, 표 목록, 그림 목록을 구성할 수 있다. 이것은 학위청구논문 계획서뿐만 아니라 이후의 논문에서 당신의 시간을 절약하도록 해 준다.

학위청구논문 심사 신청과 공개 발표

　박사학위청구논문 심사를 신청하고 이를 준비하기 위해서는 전일제 대학원생으로서 1년 정도의 공부와 노력을 요하는 경우가 많다. 어떤 대학은 신청자의 연구에 대해 구술시험이나 구술면접을 요구하고 있다. 심사를 위하여 소집되는 심사위원은 신청자의 전공과 관련된 사람이 아닐 수도 있다. 신청자는 심사위원이 누구인지 통보받을 것이고, 심사위원이 가지고 있을 배경지식 등을 살펴볼 것이다. 심사위원 중 몇몇은 연구 주제와 관련된 전문가일 수도 있고, 신청자의 전공 분야가 아닌 일반적인 연구방법과 연구 설계에 대한 전문가일 수도 있다. 연구를 시작했다면, 자신이 작성한 내용을 구두로 발표하고, 심사위원의 질문에 대한 대답으로 심사위원을 설득해야 한다. 신청자는 학위논문을 위한 연구 논문의 실행 가능성과 12개월 이상의 진척과 더불어 시기적절하게 연구를 완수할 수 있다는 것을 보여 줌으로써, 실제 연구 논문을 실행할 수 있게 되는 것이다. 이와 같은 과정을 거쳐 학위논문을 완성한 후에는 논문 결과에 관한 공개 구두발표와 심사위원의 질문에 대한 대답으로 심사위원을 설득할 것이고, 박사학위를 위한 성공적인 연구 논문의 모든 요구가 충족되는 것이다. 학위논문은 이와 같은 과정을 통하여 만들어지는 문서라고 볼 수 있다. 학위청구논문 심사 신청을 하게 되면 보통은 1년 이내에 위와 같은 일들이 진행된다. 구술시험이나 구술면접에 대한 자세한 내용은 11단계를 참조하기 바란다.

심사위원은 신청자가 작성한 내용을 매우 심도 있게 살펴볼 것이고, 사려 깊은 조언을 제공할 것이다. 왜냐하면 심사위원은 지원자의 연구와 관련된 분야의 전문가로 구성되며, 신청자가 제안한 연구의 실행 가능성에 초점을 두고 있기 때문이다. 신청자가 자신이 하고자 하는 연구에 대해 상세하게 작성하는 것은 심사위원이 연구에 대해 자세히 알 수 있도록 한다.

연구 설계

학위청구논문 심사 신청서나 학위논문 자체와 같이 학위논문을 진행하는 데 있어 고려해야 하는 특정 요소들이 있다. [그림 2-1]은 그 과정을 진행하는 방법에 대한 지침을 제시한다. 연구하는 방법을 안내하는 저서들에 나와 있듯이 학자들은 연구방법에 대한 의견이 분분하며, 몇몇 학자는 두 가지의 연구방법을 융합하여 사용하기도 한다. 학자들이 이야기하는 방법적인 기술이나 연구방법이라고 불려온 것들이 과연 실제로 방법론이라고 할 수 있을지 생각해 보아야 할 것이다. 그러나 이 책에서는 혼란을 줄 우려가 있기에 학위논문 작성을 위한 글쓰기에 있어서는 이런 종류의 논쟁은 지양하기로 한다. 논문을 작성하는 데 있어서 학자들 간의 이런 의견 차이를 여기서 해결해야 할 필요는 없다. 이와 같은 논쟁에서 벗어나 신뢰할 만한 결과를 바탕으로 각 대학이나 학회의 요구 조건에 부합되게 심사위원들을 납득시키는 등 연구 자체에 집중하는 것이 더 중요하다. 여기서는 패러다임, 방법론, 연구방법, 기법 등의 개념을 융합하거나 교환하여 사용할 수 있는 것이 아닌 각각 독립된 개념으로 소개할 것이다. 당신은 이와 같은 용어들을 논문에서 일관성 있게 사용하도록 해야 할 것이다.

당신은 연구를 시작하기 위해서 패러다임을 선택해야 한다. 패러다임은 연구를 설계할 수 있게 방향을 제시해 준다. 즉, 패러다임은 당신이 연구에 대해 결단하고 연구자로서 자신의 위치를 정할 수 있도록 도와준다. 패러다임에 따라 연구에 대한 연구자의 위치를 정했다면, [그림 2-1]에 제시된 바와 같이 논리에 따라 또 다른 결정들을 해야 한다.

이와 같은 결정들은 학위청구논문 심사 신청서에 작성했던 250자의 요약내용보다 훨씬 많다. 당신은 실제적인 연구 수행과 학위논문 작성의 기반이 되는 전반적인 연구 설계의 개관을 제시해야 한다. 이는 지도교수의 지도하에 진행될 것이고 대학에서는 당신이 무엇을 써야 하고 구두발표로 무엇을 준비해야 하는지에 대한 지침을 제공할 것이다. 당신은 이 과정에서 최종 논문을 위한 많은 기초 작업을 하게 될 것이다. 이 과정에서 해야 할 일은 '나는 ~를 연구할 것이고, ~를 면담할 것이며, ~를 분석할 것이다.'라고 작성했던 계획들이 '나는 ~를 연구했고, ~를 면담했으며, ~를 분석하였다.'의 과거형으로 수정함으로써 최종 논문의 토대를 만드는 것이다.

이제 논문을 작성하기 위해 필요한 다양한 요소를 소개할 것이다. 또한 탐구하고 토론하고 논쟁하는 데에 사용하는 각 요소에 대한 구체적인 학술 용어들을 제시할 것이다. 학술적인 용어를 사용하는 것은 심사위원에게 설명하기 위해(추후에는 학위논문을 발표하기 위해) 다른 문헌들을 참고했다는 것이며, 여러 가지 개념과 연구 논문을 얼마나 잘 이해하고 있는지를 의미한다고 볼 수 있다.

학위논문을 작성하기 위해 필요한 요소는 학위논문 작성을 위한 더 상세하고 풍부한 논의를 펼칠 수 있게끔 도와줄 것이다(2단계 참조). 학위청구논문 심사 신청은 여러 가지 요소와 방법을 통해 만들어 내는 박사학위의 출발점이다. 각 요소에 대해 보다 자세히 살펴보자.

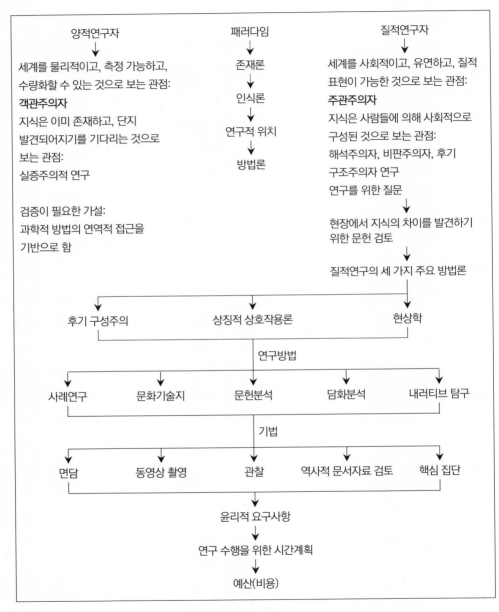

[그림 2-1] 연구를 위한 체계

패러다임

패러다임에 접근하는 가장 쉬운 방법은 연구 수행에 대한 모델을 살펴보는 것이다. 패러다임은 연구 수행에 관한 태도와 방법에 대한 정보를 함께 묶어 놓은 패키지라고 할 수 있다. 패러다임은 연구를 설계할 때 사용할 수 있는 개념틀을 제공한다. 실증주의자들은 해석주의자들이 사용하는 것과는 다른 패러다임을 사용한다. 실증주의자는 사실과 요소에 대한 변인 간의 관계를 밝혀내려고 하기 때문에, 해석주의자들과는 다른 결과를 도출하게 된다. 실증주의자는 가설 진술과 실험, 수량화와 측정이 가능한 결론을 밝히기 위하여 일련의 과정을 통한 물리적인 세계의 예측과 설명, 엄격한 연구 절차, 내적 타당도와 외적 타당도, 신뢰도를 목표로 한다. 이러한 이유로 실증주의자들은 가설을 연구 대상으로 삼고 모든 것을 가설과 관련시키며, **과학적 방법**(scientific method)이라고 주장하는 연역적인 패러다임을 사용한다. 질적연구자는 이와 같은 패러다임이 아닌 **해석주의자적**(interpretivist) 패러다임을 사용한다.

해석주의자들은 의미를 묘사하고, 연구 참여자들이 처한 상황을 이해하고자 하며, 주관적인 현실이 형성되는 방법을 설명한다. 그들은 연구 결과에 대한 신뢰성과 진실성(진정성)을 목표로 하고, 연구 질문을 토대로 연구를 진행한다. 질적연구를 수행하기 위해서는 이와 같은 연구 유형에 적합한 패러다임을 사용해야 한다.

질적연구자

당신은 질적연구자로서 주관성에 대한 지식을 갖춰야 할 뿐만 아니라 절대원칙을 세우지 않아도 되는 것이 연구의 성공을 위한 필수적인 요소라는 것을 이해해야 한다. 질적연구는 서술적이고 주관적이며, 사회적 구조 내에서 이루어지고, 사람들이 지니고 있는 인식, 경험, 가치의 의미를 해석한다. 질적연구자는 인간의 삶에서 사회적·문화적·정치적·경제적 측면의 특성을 다루는 것으로 관찰, 면담, 대화, 연구일지, 저널, 문서자료 등을 사용하여 **연구 문제가 아닌 연구 참여자**를 연구한다. 처음에는 연구 질문을 가지고 시작하지만, 연구가 진행됨에 따라 부수적인 질문이 추가되어야 할 필요가 있다는 것을 느끼게 될 것이다. 당신의 학위청구논문 심사 신청서에는 주요 연구 질문과 부수적인 질문이 기재되는데, 초반에는 논문에 대한 전체적인 윤곽이 머릿속에 쉽게 잡히지 않을 것이다.

질적연구의 시작

학위청구논문 심사 신청서를 작성할 때, 당신은 질적연구자의 입장에서 시작하기 위해 사례를 들어 논쟁하고, 그 효과를 학문적으로 뒷받침할 수 있는 견고한 틀을 구성한다. 하지만 이는 당신이 믿거나 생각하는 것을 설명하기에 충분하지 않고, 아직 숙련된 연구자가 아니기 때문에 당신은 자신이 이해한 것을 심사위원에게 납득시킬 필요가 있다. 당신은 1인칭 시점과 능동태를 사용하여 해석학적 질적연구자가 되기 위해 노력할 것이다. 예를 들면, "전문가적 삶에 대한 사회적 차원의 협상이라는 주제로 수행된 일련의 면담은 연구자에 의해 이루어졌다."가 아닌, "나는 그들이 전문가로 살아가며 사회적 차원으로 협상하는 방법을 알아보기 위해 일련의 면담을 수행할 것이다."라고 작성할 것이다. 연구자 입장에서의 주관성을 인정하고, 자기 자신을 **연구자**로 언급하면서 존재하지 않는 것처럼 글을 쓰지 않을 것이며, '**~에 의해서 실시될 것이다.**'라는 식의 수동태를 쓰지 않게 될 것이다(연구자의 위치 결정에 대한 자세한 내용은 5단계 참조).

문헌 검토

논문 작성 시, 참고문헌을 끊임없이 인용하며 언급하게 되지만, 관련 문헌들을 살펴보는 이론적 배경이라는 장이 별도로 있다. 여기에서는 자신의 연구 주제와 관련된 분야에서 게재된 연구들을 살펴본다. 당신은 다른 연구자가 수행한 해당 분야에서의 논문, 연구는 실시되었으나 아직 결과를 밝혀내지 못한 연구, 아직 실행되지 않은 연구 주제 등에 대한 문헌에 관심을 갖게 될 것이다. 이는 당신이 직접 연구를 수행할 수 있는 부분이며, 당신의 연구와 기존의 연구들 간의 차이를 확인할 수 있는 부분이기도 하다. 연구가 의미하는 것이나 연구의 방법론, 연구방법, 기법이 똑같은 연구는 없다. 문헌 검토에 인용되는 문헌들은 당신의 연구 분야에서 이미 이루어졌거나 이루어지고 있는 연구들이다. 당신은 학위청구논문 심사 신청서를 작성하는 단계에서도 매우 많은 양의 문헌을 다루겠지만, 학위논문을 모두 완료했을 시점과 비교해 보면 지금은 시작 단계에 불과하다. 기존의 연구들과 당신이 수행하고자 하는 연구의 차이 등, 이 연구가 수행되어야 하는 필요성을 심사위원에게 납득시키기 위해서 문헌을 고찰하게 되는 것이다. 연구 초기에는 폭넓은 분야의 문헌이 다루어지나, 점차적으로 특정 연구 주제에 관한 보다 더 구체적이고 세분화된 문헌을 다루게 된다. 기존 연구와의 차이를 발견하는 것도 중요하지만, 그보다 그 차이가 이 연구에서 다루어져야만 하는 이유를 설명해야 하는 것이 더 중요할 수 있다. 연구들 간의 많은 차이가 발견되지만, 차이가 있다는 것 자체가 수행될 필요가 있는 연구라는 것을 보여 주는 것은 아니다. 따라서 당신은 당신의 연구가 학계가 간과하고 있었던 중요한 부분에 기여했다는 점을 전문적인 논의를 통해 주장해야 한다. 이로써 선행 연구들과의 차이에 대한 연구의 의의를 보여 줄 수 있을 것이다.

방법론

방법론(methodology)은 연구자가 연구를 수행할 때 사용하게 되는 이론이다. 방법론은 연구자로서 나아갈 방향에 대한 지침이 된다. 방법론은 **조사를 하는 것** 또는 **누군가를 면담하는 것** 등의 연구 활동 그 이상의 것이라고 할 수 있다. 방법론은 당신이 어떻게 지식을 발견해 나갈 수 있는지에 대한 질문에 답을 해 준다. 박사과정을 시작하는 학생들은 종종 방법론과 연구방법을 혼동하거나 같은 것으로 생각해 사용하기도 한다. **방법론**은 연구자가 발견하고자 하는 지식이나 해석의 종류와 관계된 특정한 **연구방법**(method)을 사용하기 위한 근거가 된다. 이를 머릿속에 정리해 두어야 할 필요가 있다. 질적연구에는 후기 구성주의, 상징적 상호작용주의, 현상학의 세 가지 대표적인 범주가 있다. 이들의 하위 범주에는 비판이론, 페미니스트, 자유주의, 실용주의, 재건주의 등이 있다. 이들은 연구에서 연구방법, 전략, 자료분석을 통하여 결론을 도출할 때 사용되는 근거 내지 도구들이다. 당신은 지도교수와 협의한 후, 방법론을 결정하고 방법론의 하위 범주를 하나 선택하게 될 것이다(방법론에 대한 구체적인 논의는 5단계 참조).

연구방법

연구방법은 연구자가 자료분석과 분석한 자료를 풀어내기 위하여 방법론을 사용하는 것이라고 할 수 있다. 이는 자료수집 과정의 한 방법이다. 당신이 수집한 자료는 연구를 통해 당신이 발견하고자 하는 지식의 기반을 형성하게 되고, 당신의 연구방법은 당신이 선택한 방법론에서 비롯된다. 당신은 사례 연구, 문화기술지, 내러티브 연구 등을 선택하여 사용할 수 있다. 연구방법은 연구를 수행함에 있어 좀 더 실행적인 측면이며, 방법론은 이론적인 측면이다(연구방법에 대한 구체적인 논의는 6단계 참조).

타당도

타당도(validity)의 개념이 해석주의자적 패러다임과 질적연구 내에서 쉽게 자리 잡지 못하는 것과 같이 질적연구자들의 시작은 순조롭지 못했다. 우리는 타당도라는 용어를 연구와 관련지어 이해할 수 있다. 타당도의 개념은 측정될 수 있고, 수량화할 수 있는 관찰 가능한 영역에서 지식을 구성하는 실증주의적 연구에 필수적인 요소이다. 하지만 이와 같은 이야기는 해석주의 학자들에게 관심 밖의 이야기이다. Lather(1986, 1993)는 해석학적 연구에서 **타당도의 종류**로 고려되고, 인정되고, 사용될 수 있는 **진실성**의 개념을 제안하였다. Scheurich(1997)는 타당성에 대해 신뢰할 수 없는 지식을 구분하여 걸러내는 **거름망**과 같다고 하였다. Lather와 Scheurich는 논의의 타당성과 연구의 질을 높이기 위해 사용되는 개념들을 제안하였다. 6단계에서 타당도를 포함한 개념들을 보다 더 구체적으로 살펴볼 것이다.

기법

　자료수집 방법은 크게 연구 참여자를 면담하거나, 연구 참여자를 관찰하거나, 관련 문서자료를 수집·분석하는 방법의 세 가지로 나누어 볼 수 있다. 연구자는 문서 자료분석, 음성 녹음, 연구 참여자의 면담 기록, 현장 노트, 연구일지나 저널, 학술지 등을 조합하여 사용할 수 있다.

🎯 윤리적 요구사항

　연구에 대한 윤리를 다루는 위원회를 인간연구윤리위원회(Human Research Ethics Committee: HREC)라고 한다. 대학에 따라 대학원생들을 대상으로 연구 윤리에 대한 교육을 진행하고, 일반적으로 연구자는 대학에서 요청하지 않는 이상, 연구 윤리를 충실히 지켜 왔다는 것을 보장할 수 있는 서류를 제출해야 할 필요는 없다. 서류 제출을 요구하는 경우, 당신은 윤리적 고려를 보장하기 위한 서류를 제출하기 위해 많은 시간을 투자하게 될 것이다. 당신은 이를 학위청구논문 심사 신청서와 구두발표에서 구체적으로 잘 보여 주어야 한다. 특히 18세 이하의 청소년 연구 참여자, 토착민, 연구자와 직접적인 관계가 있는 사람(연구자가 연구 참여자의 상사이거나 가족인 경우에 연구자가 그들을 평가한다고 생각하여 위축되는 경우가 있을 수 있다.) 등이 연구 참여자로 연구에 참여하는 경우에는 연구 윤리와 관련하여 특별한 요구가 있다. 이는 당신과 관계가 있는 사람은 연구에 참여하면 안 된다는 것을 의미하는 것은 아니다. 이는 요구되는 사항들을 준수한다는 것을 보장하는 특별한 안전장치를 두어야만 한다는 것을 의미한다. 즉, 당신이 그들을 연구 참여자로 참여시키면서 이러한 사항들을 염두에 두고 고려하고 있다는 것을 보여 주어야 한다(연구 윤리에 대한 구체적인 논의는 3단계 참조).

연구를 위한 시간계획

당신은 학위논문 심사를 위해 학위논문을 작성하고 제출하는 등의 일련의 연구 수행을 위한 계획을 세울 것이다. [그림 2-2]는 박사학위과정에 있는 한 학생의 시간계획 예시이다.

시간	6개월	1년	1년 6개월	2년	2년 6개월	3년	3년 6개월	4년	4년 6개월	5년	5년 6개월	6년	6년 6개월	7년
참고 자료														
문헌 분석하기	▨													
방법론 숙지하기		▨												
심사 신청서 제출														
글쓰기와 수정하기			▨	▨										
졸업시험 응시하기					▨									
연구 윤리 적용하기					▨									
현장 작업														
연구 참여자 모집하기						▦								
자료 수집하기						▦	▦							
자료 분석하기							▦	▦						
학위논문														
작성하기									▨	▨	▨			
편집과 수정하기												▨	▨	
제출하기														▨

문헌 검토
작성과 편집
자료수집
심사

[그림 2-2] 연구를 위한 시간계획

🎯 비용

학위논문 심사과정은 연구자가 되는 것의 의미가 무엇인지 이해하고 있다는 것을 보여 주는 과정이라고 할 수 있다. 이 과정에서 모든 연구는 수행을 위해 시간뿐만 아니라 비용이 수반된다는 것을 이해해야 한다. 연구가 이루어지는 지역으로 이동하기 위한 비용, 전사나 번역을 위해 소요되는 비용, 연구 수행에 필요한 특정 프로그램을 이용하는 데에 드는 비용 등을 고려해야 한다. 학술대회에 참가하는 경우라면 등록비, 이동 경비, 식비, 숙박비 등을 생각해야 한다. 심사위원은 연구비 지원이 없는 연구라 할지라도 당신이 연구를 수행하는 데에 들어가는 이와 같은 투자(시간, 장비나 프로그램 비용, 면담을 위한 장비를 구입하거나 대여하는 비용, 이동 경비, 전화비나 통신비 등)에 대해 인식하고 있을 것이라 생각한다. 당신은 심사위원에게 연구 수행을 위한 비용을 어떻게 준비할 것인지에 대한 안내를 해야 할 필요가 있다. 예상치 못한 지출이 있을 수 있으므로 약간은 넉넉한 예산을 확보할 필요가 있다. 대부분의 대학은 박사과정생을 위한 연구비 지원이 있으니 이를 활용하여 연구를 수행할 수 있고, 연구비 지원을 받기 어려운 상황이라면 개인적으로 준비를 해야 한다.

🎯 학위논문 계획서 발표

당신의 발표는 전적으로 당신에게 달려 있다. 유일하게 당신이 통제하기 어려운 것은 심사위원이 던지는 질문뿐이다. 당신은 발표를 위해 예상되는 질문을 확인해 보는 시간을 가질 필요가 있다. 대부분은 방법론과 연구방법에 대한 질문이겠지만, 당신은 모두 끝냈다고 생각해서 자세히 들여다보지 않았던 연구 윤리에 대한 질문 등과 같이 관심을 기울이지 못했던 부분에서 예상치 못한 질문을 받을 수 있다. 따라서 예행 연습을 하는 것이 도움이 될 것이다. 또한 심사위원들의 관심 분야를 알기 위해 그들의 연구를 배경지식으로 읽어 두는 것도 좋다.

구두발표는 이 연구가 학계에서 이루어져야 하는 연구라는 것을 입증할 수 있는 기회라고 할 수 있다. 구두발표는 학위청구논문 심사과정의 부수적인 부분이 아니라 필수적인 요소라고 할 수 있다. 당신은 연구를 구체적이고 심도 있게 수행했기 때문에 방대한 양의 논문을 명확하고 간결하게 요약하고 이해하기 쉽게 설명할 수 있어야 한다. 구두발표는 논문 작성과는 또 다른 작업으로 연구자로서 연구에 대한 생각을 직접 심사받을 수 있는 기회이다. 이 과정에서 당신은 아는 것에 대해 설명함으로써 박사과정에서의 발전을 입증할 수 있다. 당신은 지침에 따라 적합하게 입고 말하고 행동해야 한다. 당신에게 주어진 시간을 준수하고, 심사위원의 질문에 대비해야 한다. 지도교수가 당신이 질문을 받는 동안 약간의 도움을 줄 수 있을지 모르지만, 지도교수의 역할은 제한되어 있다. 연구 분야의 쟁점에 대한 이해와 심사위원에 대한 사전 정보를 고려하여 심사과정에서 받게 될 질문을 예상하고 준비해야 한다.

이는 연구자의 중요한 훈련과정이다. 당신은 부담스럽겠지만 학술대회에서 연구를 발표하는 것처럼 교수들과 청중 앞에서 발표를 해야 한다. 이는 당신이 어떻게 연구를 수행했는지에 대한 연구자로서의 방법론적인 입장과 비판적인 질문을 방어할 수 있는 중요한 과정이다. 당신은 이 기회를 받아들이고 최대한 활용하기 위해 심사위원들의 조언을 받아들이는 것이 중요하다. 이 과정은 두려운 과정이 아니다. 연구를 수행하고 박사과정을 마칠 때, 그 분야의 수많은 전문가가 당신의 동료가 되는 일이 있기 때문이다.

지지 집단

박사학위과정은 스스로 진행해야 하는 것이지만 그렇다고 외로운 사람이 될 필요는 없다. 대학원의 선후배들, 학교나 기관에서 연구를 하는 사람들과 함께하며, 연구모임이나 사회적 활동에 참여하는 것이 좋다. 이와 같은 모임은 당신을 위해 좋은 조언자로서의 역할을 해 줄 수 있다. 모임에서 발표 리허설을 해 보는 것은 예상 가능한 질문에 대한 조언을 받고, 그에 대한 적절한 답을 준비할 수 있는 기회가 된다.

🎯 표현상의 유의점

　연구 질문을 수립하기 위해 당신은 '~은 무엇인가' '~은 어떠한가' 등의 표현을 사용할 수 있다. 가능하면 '**무엇**'이라는 질문은 지양해야 하며, 그 분야에 이미 존재하는 연구를 하고자 한다면 '**이 연구는 기존에 이루어진 연구를 조망하는 데에 기여하고자 한다.**'라고 서술하는 것이 좋다.

- 연구에 사용될 표현은 **연구 질문을 검토하다, 탐구하다, 조사하다**와 같은 표현이 적합하다. **증명하다, 입증하다, 가설을 검증하다** 등의 사실을 규명하는 용어는 지양한다.
- 지금까지 참고한 문헌에 대해 언급할 때, '**선행 연구에서 제안하고 있는 것은 …….**'라고 서술한다.
- 연구의 필요성을 기술하는 전형적인 방법은 '**이 연구는 ~에 대한 전문적인 토의와 논의에 기여할 것이다.**'이다.
- 방법론에 대해 언급할 때에는 방법론의 기능을 설명하는 것이 아니라 **이 연구를 수행하기 위한 이론적인 도구와 이론적 배경**으로서의 방법론을 설명한다.
- 특정 저자, 주장, 연구 결과를 **인용하였음**을 언급한다.
- 당신이 주장하는 바를 뒷받침하기 위해 기존에 이루어진 연구 결과 등을 근거로 제시한다.

사용하지 않는 단어

　당신의 진술문을 뒷받침하기 위하여 특정 저자, 주장, 연구 결과에 **동의한다**라는 단어를 쓰는 것을 지양하기 바란다. 당신이 어떠한 의견에 동의를 하고 안 하고는 연구에서 중요한 것이 아니다. 당신은 자료와 증거를 바탕으로 연구를 수행하기 때문에, 단지 어떠한 의견에 당신이 동의하고 **믿는 것** 자체는 연구 수행의 근거가 될 수 없다. 근거를 위해서는 자신의 신념 이상의 것이 필요하다.

🎯 추천도서

다음은 가장 유용하다고 여겨지는 몇몇 저서를 소개하고자 한다. 이는 방법론과 연구방법에 관한 방대한 양의 저서를 섭렵해야 한다는 의미가 아니다. 이러한 읽기는 당신이 연구 설계를 개선할 수 있도록 해 줄 것이다.

일반적인 연구방법론

- M. Crotty(1998)의 『The Foundations of Social Research: Meaning and Perspective in the Research Process』는 Blaikie와 Flick의 저서와 맥을 같이한다. 만약 현상학을 연구방법론으로 생각하고 있다면 Crotty의 저서를 추천한다.
- U. Flick(2007)의 『Designing Qualitative Research』는 질적연구 입문서이다.

세부적인 연구방법론

당신은 학위논문에서 사용하게 될 방법론에 대해 지도교수와 논의할 것이다. 당신이 지도교수의 지도를 받아야 하는 이유는 특정 방법론에 대한 전문 지식과 학위청구논문 신청서를 준비하고 작성하는 데에 있어 조언을 받을 수 있기 때문이다.

만약 당신이 **후기 구성주의**의 관점을 취한다면 당신의 논문에 다양한 관련 저자를 언급할 수도 있다.

- Foucault의 영향을 받았다면,

  Foucault, M. (1973). *Discipline and punish: The birth of the prison*. Penguin: London.

  McHoul과 Grace(1993)의 『A Foucault Primer: Discourse, power and the Subject』는 연구 초기에 기초 개념을 설립하는 데 도움이 될 것이다.
- Lyotard, Derrida와 같은 철학자들의 주요 문구를 인용할 수도 있다.

Lyotard, J. -F. (1984). *The postmodern condition: A report on knowledge*

Derrida, J. (1973). *Speech and phenomena*

- 페미니스트 이론을 사용하는 경우에는 Weedon의 저서를 인용하기도 한다. C. Weedon(1988)의 Feminist Practice and Post-structuralist Theory는 후기 구성주의 이론의 본질에 대한 훌륭한 저서이다.

- 현상학을 따르는 경우에는 출발점으로 van Manen의 저서를 추천한다. van Manen, M. (1990). *Researching lived experience: Human science for an action sensitive pedagogy*

- 상징적 상호작용주의를 선택한 경우에는 Charon의 저서를 입문서로 추천한다. Charon, J. M. (2009). *Symbolic interactionism: An introdution, an interpretation, an integration*

연구방법

- Cohen, Manion, Harrison(2000)의 『Research Methods in Education』은 연구를 수행하기 위한 다양한 연구방법과 이를 수행하기에 방법적으로 적합한 전략들을 소개하고 있다.
- Silverman(2003)의 『Doing Qualitative Research: A Practical Handbook』은 제목에서와 같이 각 단계에서의 필수 요소들을 정확히 제시하고 있는 안내서이다.

　당신에게 연구방법에 대한 훌륭한 정보와 조언을 제공해 줄 수 있는 저서는 많이 있지만, 심사 신청 단계에서는 당신이 사용할 연구방법에 대한 구체적인 논의나 세부적인 타당성이 요구되지는 않는다. 이와 같은 것들은 연구를 설계하고 학위논문을 작성해 나갈 때 고려되어야 할 부분이다. 보다 더 구체적인 추천도서들은 5단계 '방법론'에서 다룰 것이다.

　학위논문 계획서를 작성할 때, 당신은 논문 작성을 위한 글쓰기의 방법을 알고 있어야 할 필요가 있다. 지금 단계에서는 큰 문제가 아닐 수 있지만, 다른 연구자들에게 수용될 수 있도록 당신이 글쓰기의 전문성을 갖추는 것은 중요하다.

🎯 소소한 문제 다루기

당신은 학위청구논문 심사를 마칠 때까지 심사를 위해 글쓰기와 관련된 문제들을 다루는 방법을 배워야 한다. 글쓰기와 관련된 문제들을 다루는 방법을 익히면 당신의 학위논문이 심사위원에게 더욱 매력적으로 다가갈 수 있다. 만약 지도교수가 편집과 수정에 능통하다면 당신이 쓴 초안에서 소소한 문제들이 많이 걸러질 것이다. 그렇지 않다면 지금 이 단계에서는 이러한 문제들을 그냥 지나쳐 버리게 될지도 모르지만, 학위논문에서는 그렇지 않다. 왜냐하면 심사위원들은 수용할 만한 학위논문이 될 수 있도록 매우 세심하게 살피기 때문이다. 다음은 연구에서 계속적으로 다루어야 할 몇 가지 소소한 문제들을 소개한다.

🎯 글쓰기의 규칙

① 마침표와 다음 문장의 첫 단어 사이에는 두 칸이 아닌 한 칸을 띄운다. 워드프로세서 사용자는 띄어쓰기에 유념해야 한다.
② 공식적인 문서에서는 축약어나 줄임말을 사용하지 않는다. '했다.' '안 했다.' 등과 같은 축약어보다는 '하였다.' '하지 않았다.' 등과 같이 모든 단어를 완전하게 기재한다.

🎯 부적절한 표현

일상적인 대화에서는 별생각 없이 이러한 표현들을 사용한다. 하지만 논문을 작성할 때는 일상적인 대화처럼 자유롭게 표현할 수 없다. 예를 들어 보자.

- ~와 상관관계가 있다: 이는 통계학에서 사용되는 표현으로, 질적연구에서는 사용하지 않으며, '이는 ~와 관련성 있는 결과를 보인다.'라고 표현한다.
- 이는 ~에 동조한다: 부정확하기보다 어색한 문장이다. '이는 ~와 일치하는 결과를 보인다.'라고 표현한다.
- 문제가 있는: 보통 이 표현은 '문제'가 되는 것을 설명하기 위하여 잘못 사용되는 경우가 많다. '문제가 있는'이라는 표현은 논문에서 구체적인 의미를 가진다. 연구자가 무언가를 문제시할 때는 일상의 상황과 사건에 대한 정보를 수집하여 그 것을 분석하여 이론에 적용한다. 예를 들어, 주차 공간의 부족 현상은 문제가 될 수 있는데, 다양한 정보를 수집하여 분석한 후에야 주차 공간의 부족은 문제가 있다고 말할 수 있는 것이다.
- 최근 연구들에서 나타나고 있다: 매우 애매모호한 표현이다. 우선 참고한 연구를 인용하며 제시할 필요가 있다. 그리고 당신이 작성하고 있는 이 논문 또한 언젠가는 게재가 될 것이고, 그 시기에 최근이라는 표현은 타당성이 없는 말이 된다. 수년이 지난 후 누군가가 논문을 읽었을 때 최근이라는 때가 언제인지 알 수 없을 것이며, 심사위원들은 이를 수용하지 않을 것이다. 출판 연도를 기재하는 것이 좋다.
- ~인 것 같다: 논문에서 사용하기에는 매우 애매모호한 표현이다. 말하고자 하는 것을 조금 더 명확하게 나타내는 것이 필요하다.
- 많이, 더 많이, 최고로 많이, 가장 많이, 종종, 매우 등: 이와 같은 표현은 논문에서 사용하기에 애매모호하므로, 박사학위논문에서는 지양하는 것이 좋다.
- ~은 중요하다/~은 필수적이다: 이 표현들이 어떠한 의미인지 생각해 보자. 이들은 애매모호한 표현으로 논문 작성 시 지양해야 한다. 관련 연구를 인용하여 보

다 명확하게 표현하는 것이 좋다.
- ~면에서: Watson(2005)은 이 표현을 애매모호한 예 중 하나라고 하였으며, 사려 깊은 저자라면 피해야 할 것이다. 대신에 '~에 관한'이라는 표현을 사용해 보자.

🎯 용어 사용

논문을 작성할 때에는 자신이 선택한 용어의 의미를 제대로 이해하고 정확하게 사용해야 한다.

- '활용'과 '사용'은 같은 의미를 지니고 있지 않다. 보다 명확한 의미를 지니고 있는 '사용하다'를 선택하여 작성하는 것을 추천한다.
- '상이한'과 '차이가 있는'은 같은 의미가 아니다. 정확한 단어인 '차이가 있는'을 사용하는 것을 추천한다.
- '확정적인'이라는 단어보다는 '확실한'이라는 단어를 사용한다.

🎯 문단

당신이 신청서 작성 시 처음 배우는 것 중 하나는 학문적인 글쓰기에서의 문단 작성하기이다. 글은 신문, 잡지, 교과서 등에도 있다. 학위논문은 학문적 글쓰기와 전통적인 글쓰기 장르에 해당한다. 당신이 문단의 의미에 관심을 갖는 것은 올바른 글쓰기를 위한 것이며, 이는 연구 질문 전체에 대한 글쓰기로 나아간다.

한 문단은 적어도 4개의 문장으로 구성되고, 각 문장은 각각의 기능을 한다. 한 문단은 더 많은 문장으로 구성될 수도 있으나 최소 4개의 문장으로 구성된다는 것이다. 첫 번째 문장은 주제문이다. 각 연구 질문에 관한 주제를 언급하는 문장이므로 명확하게 표현해야 할 필요가 있다. 주제문과 관련하여 그것을 자세하게 설명하거나 발전시킨 문장이 뒤를 따른다. 그다음 문장은 이 문단에서 주장하고 있는 것을 뒷받침하기 위한 적절한 문헌이나 자료를 언급한다. 모든 문단에서는 부분적으로라도 참고 문헌의 인용이나 자신의 자료를 언급하는 것이 좋다. 마지막 문장은 타당성을 지닌 깔끔한 문단을 만들기 위하여 주제를 다시 말하고 다음 문단으로 이어지는 내용으로 쓴다. 이는 학문적 글쓰기 장르의 고유한 구조이다.

　장르에 따라 요구되고 기대되는 구조, 방식, 언어의 형태가 있다. 동화를 생각해 보자. 주제문과 맞먹는 시작 문장은 항상 **'옛날 옛날에'**이다. 그 이후에 오는 세부 문장들은 가난한 사람이 마법이나 말하는 동물에게 도움을 받거나, 선이 악을 이기는 등의 선물과 같은 내용이다. 이와 같은 문장은 논문에서 주장을 설명하고, 발전시키고, 근거를 대는 문장에 해당한다. 마지막 문장은 항상 **'그들은 모두 영원히 행복하게 살았습니다.'**이다. 이 문장은 학문적 문단의 마지막 문장에 해당한다. 당신이 논문을 작성하는 동안 이러한 장르에 대한 개념을 염두에 두고 적용한다면 글의 구조가 한층 더 매끄러워질 것이다. 이는 **이야기의 원칙**(The Fairy Tale Principle)이라고 한다.

◎ 연구의 방향성 제시

　당신이 숙지해야 할 또 하나는 심사위원을 위해 연구의 방향을 제시해야 한다는 것이다. 단락으로 나누며 글을 쓰는 것은 연구자 자신과 심사자에게 연구 질문과 논문에서 말하고자 하는 방향을 계속 염두에 두게 하기 위한 것이다. 전체 장, 대단원과 소단원에 이와 같은 원칙을 적용하는 것은 연구 질문에 지속적으로 집중할 수 있게 한다. 이는 타당성이 유지된다는 것이다. 좋은 논문은 글이 명확하다. 심사위원들에게 명확하게 제시하지 않는다면 연구자가 쓴 내용이 타당한지 알 수 없을 것이다.

　당신은 주제문을 사용하여 독자를 연구 안으로 이끌어야 한다. 그리고 맺는 문장으로 그다음에 제시될 내용에 연결해 주어야 한다. 장의 시작 문장과 맺는 문장은 같은 문장이 될 것이다. 가장 중요한 원칙은 대단원이나 소단원이 연구 질문에 대한 명확한 언급이 없이 끝나면 안 된다는 것이다.

🎯 추천도서

Zeegers(2013)의 『Grammar Matters』는 연구자가 자신감을 갖고 정확하게 글을 쓸 수 있도록 문법에 대한 기본적인 지식을 다루고 있다.

🎯 논문의 구성

논문 심사가 이루어지는 동안, 해당 연구 분야에서 이루어져 왔거나 이루어지고 있는 참고문헌에 대한 포괄적이고 깊이 있는 이해를 하는 것이 중요하다. 참고문헌에 대한 이해는 윤리적 명확성을 적용하기 위한 글쓰기를 할 수 있게 해준다. 일반적인 윤리적 적용은 다음 단계에서 다룰 것이다. 당신은 윤리적 적용을 박사학위를 위한 다른 활동들에 포함시켜 일련의 과정으로 볼 수 있다. 방법론에 대한 내용이 연구방법의 고려사항과 연결되고, 이는 연구 수행을 위해 어떤 기법을 선택할 것인지로 이어지며, 이 모든 것은 윤리적 적용을 어떻게 할 것인지로 이어진다.

이러한 것들을 고려하면, 당신이 박사학위를 얻기 위해 각 단계에서 소개되는 내용들을 순차적으로 사용하는 것이 아님을 알 수 있다. 각 단계에서 소개되는 내용들은 동시적으로 사용될 수 있다. 박사학위를 얻기 위해 2~3년 동안 각각의 것들과 씨름을 하면서 동시적으로 고려할 사항이 생길 것이다. 논의를 생각하는 동안 다른 작업이 동시에 이루어질 수도 있고, 다른 것들을 생각하기 전에 한 가지에 집중을 해야 할 수도 있다. 예를 들면, 윤리적 적용을 구성하면서 동시에 기법이나 연구방법, 방법론에 대한 문헌을 계속 읽고 있는 경우이다. 당신이 읽고 쓰는 것에 따라 논문이 구성되기 때문에 학위논문의 구조를 세우는 동시에 읽고 쓰는 것은 의미가 있다고 볼 수 있다. 논문의 구조는 아래에 제시한 바와 같지만, 이 구조가 어느 연구에나 적용할 수 있는 것이 아니라는 점에서 고민이 될 수 있다. 당신은 당신이 선호하는 방식으로 논문 구성을 시작했을 것이나, 다음의 예와 비슷한 구조를 가질 것이다.

- 1장: 연구의 필요성 및 목적(11단계 참조)
- 2장: 이론적 배경
- 3장: 방법론
- 4장: 연구방법(이 장에 윤리와 타당성에 대한 내용을 기술한다)
- 5장: 자료수집
- 6장: 자료분석
- 7장: 제언 및 결론

　이 책의 각 단계는 이와 같은 구조에 따라 구성되었으나, 모든 단계는 별도의 내용으로 이루어져 있다. 당신은 단계에 따라 순차적으로 진행하지는 않을 것이며, 몇몇의 것을 동시에 진행할 것이다. 당신은 관련 문헌과 최신 문헌을 계속해서 찾아보며 전체 연구기간에 문헌 검토 작업을 할 것이고, 연구 윤리를 적용하며 초기 자료를 생성해 낼 것이다. 면담, 조사, 질문지 등의 자료수집 기법을 사용하기 전에 방법론 단계에서 유용한 정보를 발견하기도 하고, 다른 것에 집중하기 위해 염두에 두고 있던 여러 요소를 잠시 접어 두기도 할 것이다. 결론적으로 각 단계는 각각의 적절한 시기가 있으며, 각 단계가 적절한 시기에 이루어짐에 따라 모든 단계가 하나로 합쳐질 것이고, 2~3년 이내 심사를 위해 제출할 수 있는 논문의 형태를 갖추게 될 것이다.

🎯 결론

　당신의 학위청구논문 심사과정은 지금 중요한 단계에 와 있다. 대학에서는 박사과정 수료자에서 학위청구논문 심사 신청자로, 그리고 박사학위 소지자로 나아가게 한다. 이 단계에 이르기까지 박사과정을 수료하는 것이 무엇을 의미하는지에 대하여 알게 되었을 것이다. 지금껏 박사학위를 얻기 위한 자신의 글쓰기 기술과 발표 기술을 알아보았다. 이는 연구를 수행하는 데에 있어 활력소가 되어 줄 것이다. 이제 진짜 연구가 시작된 것이다.

✏ 유용한 정보 2

박사학위논문을 위하여 문헌 분석을 시작할 때, 대학을 통해 참고문헌 소프트웨어를 이용할 수 있다. 각 대학은 학생들에게 EndNote나 RefWorks와 같은 무료로 다운로드할 수 있는 소프트웨어 사용권을 제공한다. 사용하는 방법을 잘 모른다면, 각 대학에서 운영하는 관련 연수에 참여해 보자. 사용법을 숙지한 후, 참고문헌을 작성해 보자. 만약 당신의 대학에 이와 같은 프로그램이 없다면 연구비, 대학원 사무실, 대학원 행정실에 소프트웨어 구입을 위한 지원을 신청해 보자. 소프트웨어는 각 대학에서 명시하는 양식에 따라 정확한 형식으로 참고문헌 목록을 만드는 데에 필수적이다. 이와 같은 선택사항이 없다면, 소프트웨어를 다른 방법을 써서라도 구매하는 것을 추천한다. 박사학위논문 작성에 꼭 필요하기 때문이다. 참고문헌을 수작업할 수 있을 것이라고 생각하지 않길 바란다. 수작업을 하게 되면 오류를 범하게 될 것이다. 참고문헌에 투자하는 몇 주 또는 몇 달의 시간을 박사학위청구논문 신청서와 학위논문 작성에 투자하는 것이 현명하다.

03단계

윤리적 고려

🎯 윤리적 고려는 왜 필요한가

해석주의 전통에서 사회 세계를 탐구하는 질적연구자는 연구에 참여하는 사람들과 함께 연구를 한다. 이는 연구 참여자들에 관한 자료를 수집하기 전에 연구 윤리에 대한 승인이 필요하다는 것을 의미한다. 당신이 누구나 열람할 수 있도록 개방된 공문서를 다룬다면 윤리적 고려를 하지 않아도 되겠지만, 개인의 문서, 편지, 일기, 일지 등 공적인 영역에 속하지 않는 문서를 열람할 때는 윤리적 고려와 승인이 필요하다. 이와 같은 사항은 연구 설계 단계(2단계 참조)에서 언급하였으나, 이 단계에서 연구 윤리에 관하여 보다 더 구체적인 사항을 살펴보고자 한다.

🎯 윤리적 고려는 무엇인가

우리는 삶의 모든 관계 속에서 윤리적으로 행동하고자 한다. 다른 사람에게 도덕적이고 진실되게 행동하고자 하며, 신체적·정서적·심리적으로 피해를 주지 않도록 행동하고자 한다. 즉, 사람들은 타인에게 피해를 주지 않고자 하는 의도를 갖고 행동하며, 이를 통해 우리는 상대방에게 신뢰를 얻게 된다. 그러나 연구 수행에 있어서는 이와 같은 의도가 명시적으로 드러나야 한다. 연구는 어떤 법에도 어긋나지 않아야 하는데, 인간 행위는 법적인 영역 이상에 해당하기 때문에 윤리적인 승인이 나타나게 된다. 당신은 당신의 연구가 도덕적이고 진실하게 수행되었으며, 다른 누구에게도 신체적 · 정서적 · 심리적으로 피해를 주지 않는다는 것을 연구자 집단과 연구 참여자 집단에게 확인시켜 주어야 할 필요가 있다. 실제로도 연구 참여자에게 어떠한 피해가 가지 않도록 연구를 수행해야 한다. 연구 분야와 관련된 사람들에게 연구 승인을 받아야 하는 이유는 '피해를 주지 않는'이라는 말 속에 요약되어 있다. 보다 폭넓은 연구자 집단에게 인정받는 연구를 하려면, 당신의 연구가 연구 지침과 규약에 맞는지를 면밀히 검토받고 평가받을 필요가 있다.

🎯 윤리위원회

윤리적 판단은 위원회에서 결정하는 것으로, 윤리위원회의 구성원은 구체적이고 명시적인 윤리적 지침에 따라 연구 내용을 살펴본다. 윤리위원회에는 해당 연구와 관련되지 않는 일반 대중이 포함되기도 한다. 일반 대중은 공동체의 합당한 일원이기만 하면 된다. 또 윤리위원회에는 당신과 같은 분야가 아니더라도 현재 연구를 하고 있는 연구자들이 포함될 수 있으며, 다른 박사과정 학생이 학생 대표로 심사위원에 포함되는 경우도 있다. 타 대학에서 지명된 외부인이나 강사가 윤리위원회의 구성원이 되는 경우도 있다. 핵심은 당신이 선택한 패러다임, 방법론, 연구방법, 기법 등에 관련된 윤리적인 요소들을 중심으로 연구를 검토한다는 것이다. 당신이 자료를 모으고 분석하기 위하여 획기적인 방법을 사용했다고 하더라도, 이는 윤리위원회의 관심사가 아니다. 윤리위원회는 당신이 신청서에 제시한 요소들이 명시적인 윤리 규정의 요구를 충족하는지, 해당 국가의 윤리에 대한 공식적이고 공개적인 정책과 규약에 부합하는지를 살펴볼 뿐이다.

　　위의 사항들은 정부 차원에서 공식화하고 명시화한 중요한 사항들이다. 각 대학에는 형태는 다를지라도 인간연구윤리위원회(HREC)에 해당하는 위원회가 설치되어 있고, 그 위원회에는 운영과 구성, 지원 양식, 회의, 심의 규정 등의 절차가 마련되어 있다. 이 모든 내용은 연구 수행에 관한 국가의 정책에 토대를 두고 제정된다. 연구자로서 윤리위원회의 일원이 되어 전반적인 경험을 해 보고 싶다면, 학교의 윤리위원회에서 학생 대표를 모집할 때 동료 학생의 투표를 통해 지명될 수 있도록 하는 것도 하나의 방법이다. 박사과정 중에 강사로 임용된 경우에도 윤리위원회 참여가 가능하다.

🎯 연구 윤리 승인

　　정부, 대학, 연구자들은 박사학위논문을 작성하는 연구자만큼이나 윤리 문제를 매우 중요한 것으로 여긴다. 연구 윤리 승인은 다음 단계로 나아가기 전에 뛰어넘어야 하는 장애물이 아니라 '타인에게 피해를 주지 않는 것'이라는 개념을 지키겠다는 약속을 실제로 수행하는 것이다. 당신은 연구 윤리 승인 신청서를 위 약속에 대한 개념을 가지고 있는 여러 사람들에게 제출하게 되고, 거기에 참여한 사람들의 관점에 따라 검토를 받게 된다. 당신은 지도교수에게 연구 설계에 관한 자문을 구하고, 지도교수에게 윤리적 고려에 대한 식견을 제공받아, 당신 또한 그러한 식견을 지니게 되었을 것이다. 일부 대학은 학위논문 신청서를 제출하고자 하는 모든 박사과정 학생에게 윤리와 연구에 대한 훈련이나 단기교육을 이수하도록 하여 공식적으로 해당 과정을 통과한 후에 학위논문 신청서를 제출하도록 요구하기도 한다. 따라서 당신은 전체적인 연구 일정을 계획할 때에 이를 고려해야 할 필요가 있다. 이 과정을 이수했다는 것은 당신의 연구가 윤리 기준을 충족한다는 확신을 지니고 연구에 임할 수 있다는 것을 의미한다고 볼 수 있다. 학위논문 신청서를 작성하는 것은 그다음의 일이다.

🎯 잠재적 문제 확인하기

'타인에게 피해를 주지 않는 것'이라는 표현은 연구 윤리 승인을 준비하는 데 있어서 좋은 지침이 될 만한 것이지만, 당신은 이 말이 의미하는 모든 범위를 고려하지 못할 수도 있다. 따라서 윤리위원회에 신청서를 제출하기 전에 잠재적인 문제를 검토해 볼 필요가 있다. 다음은 면담과 관련하여 발생할 수 있는 문제들을 정리한 것인데, 이는 조사, 개방형 설문지, 자료를 읽거나 보거나 인용하여 제공된 응답 등 다른 자료 수집 방법에도 적용할 수 있다.

- 폭력 가해자를 면담하거나 조사하고자 하는 경우, 연구자가 질문을 하면서 연구 참여자가 법을 어긴 범죄자임이 드러나게 될 수 있다. 특히 지금까지 처벌을 모면했던 폭력 행동에 대해 물어보는 경우에 그러하다.
- 범죄 피해자를 면담하거나 조사하고자 하는 경우, 사건에 대한 불쾌한 기억을 회상하게 만드는데, 이는 정서적 고통으로 이어질 수 있다.
- 부모 또는 양육권자의 동의나 동석 없이 미성년자를 면담하거나 조사하고자 하는 경우, 이는 윤리 지침을 위반하는 것이기에 윤리위원회로부터 연구 윤리 승인을 받지 못할 수도 있다.
- 소수자 집단을 면담하거나 조사하고자 하는 경우, 면담을 통해 소수자 집단의 도의나 관례를 깨뜨릴 수도 있다(예: 어떤 주제에 대해 발설하면 안 되는 사람, 사회적 약자의 입장에 있는 사람 등).
- 자신의 동료들을 면담하거나 조사하고자 하는 경우, 연구자는 동료들이 불쾌하거나 불이익을 받는다고 생각하지 않지만, 연구 참여자가 면담에 임하면서 면담 질문으로 인해 스트레스를 받지는 않는지, 연구자 자신이나 상사의 암묵적인 비난으로 인해 연구 참여자가 진급이나 동료 간의 일상적인 교류에 피해를 입는 것은 아닌지 생각해 볼 필요가 있다.
- 자신의 학생이나 피고용인 등 아랫사람을 면담하거나 조사하고자 하는 경우, 참여를 강요하지 않았기 때문에 자유롭게 참여할 것이라고 생각할 수 있으나, 연

구 참여자들은 거절하면 어떤 불이익을 받을지 모른다는 생각과 연구자의 지위에서 느껴지는 암묵적인 강요를 느낄 수 있다.

• 위의 대상 중 어느 누구도 면담하거나 조사하려는 생각은 없지만, 직원 목록, 데이터베이스, 전화번호부 등 다른 사람의 연락처(가족, 친구, 집단 구성원, 동료, 고객, 환자 등)를 제공해 주길 원하는 경우 이는 비밀보장에 대한 협약이나 사생활 보호법 위반으로 이어질 수 있다.

이러한 예들은 '타인에게 피해를 주지 않는 것'을 추구함에 있어서 숙고해야 할 사항이지만, 이는 위의 대상들과 그 분야를 연구하지 못한다는 의미는 아니다. 단지 문제 영역이 있을 수 있음을 예상하고 그것을 해결하기 위해 철저하게 준비해야 함을 의미한다. 이는 행정적인 절차로서의 산을 넘는 문제가 아니라, 타인에게 피해를 주지 않을 뿐만 아니라 연구 참여자와 그들의 권리를 존중하는 연구를 해야 한다는 윤리적 요구사항에 따라 연구를 수행하겠다는 연구자의 약속을 보여 주는 문제이다. 이와 같은 고려는 연구 참여자들이 당신의 요청에 따라 시간과 노력을 들이면서 겪을 수 있는 불편함을 고려하는 것까지 확장할 수 있다.

🎯 연구 윤리 승인 신청서 작성하기

당신이 윤리위원회에 신청서를 제출하는 경우에 비록 실제 연구는 당신이 수행하더라도 연구 책임자는 지도교수이다(역자 주: 우리나라의 경우는 대개 연구에 실제적인 책임이 있는 사람이 연구 책임자가 된다. 따라서 학위논문의 경우에는 학위논문을 작성하는 학생이 연구 책임자가 된다). 지도교수는 진행될 연구의 전반과 연구의 윤리적 요구사항 준수 여부에 대한 책임이 있다. 그리고 당신이 작성한 신청서를 윤리위원회에 제출하기 전에 작성된 내용에 대해 수정하도록 하는 등 충분히 검토하고 서명해야 할 의무가 있다.

윤리위원회 구성원을 위한 사항

신청서를 작성할 때, 당신은 윤리위원회가 지정한 양식을 준수하여 작성해야 한다. 당신 양식을 빈칸으로 남겨 두거나 윤리위원회가 보았을 때 특정 항목이 왜 필요한지에 대한 의구심이 들 만한 여지를 남기지 않도록 지시·요구사항을 준수하여야 한다. 당신은 윤리위원회에 당신이 무엇을 연구하는지, 어떻게 연구하는지, 어떻게 그 누구에게도 피해를 주지 않는 연구를 할 것인지, 어디에서 잠재적 문제를 확인하였는지, 그 문제를 어떻게 해결할 것인지를 설명해야 한다.

당신은 윤리위원회를 위하여 연구를 일반적인 용어로 기술해야 할 필요가 있다. 즉, 윤리위원회는 구성원이 여러 명의 다양한 전공자로 구성되어 있고, 모든 구성원이 현재 연구를 하고 있는 사람으로 구성되는 것은 아니며, 심지어 은퇴한 사람, 당신의 전공 분야에 대해 문외한인 사람으로 구성될 수도 있다. 윤리위원회 구성원 중 상당수는 윤리위원회가 하는 일에 관심이 있는 다양한 지역사회 일원들이며, 연구자이거나 학계에 종사하는 사람은 일부일 뿐이다. 다수는 간호사, 교사, 법조인, 경찰관과 같은 전문직 은퇴자, 일부는 전문성이 없는 직종에 종사하다 은퇴한 사람, 잠시 일을 쉬고 있는 사람들로 구성될 수 있다. 따라서 이와 같은 일반적인 사람들이 당신의 연구를 이해할 수 있도록 작성해야 한다. 다음의 예문을 살펴보자.

> 본 연구는 조별 과제의 교수·학습 전략에 관한 대학생들의 응답을 살펴보고자 한다. 연구 참여자는 자신의 조별 과제 경험에 대해 개별면담과 집단면담에 참여하는데, 전공 수업에서 조 구성원에게 기대되는 행동에 대하여 이야기할 것이다. 각 연구 참여자 집단은 교육학, 행동과학, 사회과학, 간호학, 심리학, 자연과학, 체육학, 공학을 전공한 각 학과의 1, 2, 3학년의 학생들로 구성된다.

윤리위원회는 당신이 왜 이 연구를 진행하는지 알고 싶을 것이다. '박사학위를 받기 위해서'와 같은 이유는 당신이 하고자 하는 작업의 윤리적 함의를 확인하는 데에 도움이 되지 않기 때문에 연구를 하고자 하는 이유에 대해 명확히 해야 할 필요가 있다. 연구 목적, 연구 질문, 수행할 연구의 의의 등에 대해 일반적인 표현으로 기술한다.

나는 졸업 후 해당 전문 분야로 취업할 학생들이 조별 과제를 교수 · 학습과 정에 보다 효과적으로 통합하려면 어떤 요소들이 필요한지에 관하여 심도 있게 이해하고자 하며, 선행 연구를 살펴보았을 때 대학교육에 대하여 이와 같은 접근을 사용한 연구는 찾아볼 수 없었다. 따라서 나는 효과적인 조별 과제를 지도하는 전략에 대하여 조사하고자 한다. 조별 과제를 다룬 한 선행 연구에서는 학생과 교수자 모두 조별 과제에 대한 거부감이나 심지어는 노골적인 분노를 지니고 있음이 나타났다. 선행 연구는 이 영역에 대한 후속 연구의 필요성을 강조하였다. 이 선행 연구가 수행되자 전문가 조직과 교육과정 승인 기관은 예비 전문가들이 이수하는 과정 중 일부로 조별 과제가 반드시 포함되어야 한다고 하였다. 이 연구에서는 학생들에게 효과적인 조별 과제를 지도할 수 있는지에 대한 가능성을 알아보고, 그들을 대상으로 조별 과제 학습 훈련을 실시할 것이다. 이 학생들은 전문성을 지니고 있는 대학생들이며, 연구 목적을 위하여 실시된 조별 과제 훈련에서 이와 같은 교수 · 학습전략을 적용해 보고 본 연구가 성공적인지 아니면 그 반대인지를 확인하고자 한다.

이 연구는 상당히 단순한 편이다. 일반적인 사람이라면 누구라도 연구의 의도가 무엇인지 알 수 있을 것이고, 이에 대한 자료를 어떻게 수집할지 궁금해할 것이다. 일반적인 사람들이 당신의 독자임을 염두에 두고 연구 윤리 승인 신청서를 다음과 같이 작성해야 한다.

나는 대학생 연구 참여자들을 대상으로 한 다수의 개별면담과 숙련된 진행자가 이끄는 집단면담을 녹음하여 직접 전사한 자료를 사용하고자 한다. 대학생 연구 참여자들은 교수자가 수업에서 효과적인 조별 과제 전략을 지도한 방식, 수업에서 그들이 효과적인 조별 과제 전략을 적용한 방식에 대해 구두로 응답할 것이다. 수업을 듣는 모든 학생에게 연구에 참여할 수 있는 기회를 제공할 것이나 모두가 의무적으로 참여해야 하는 것은 아니며, 자발적으로 참여한 학생들만 집단면담을 실시하고자 한다. 나는 연구 참여자들의 응답을 전사하여 학생들의 표현을 분석할 것이다. 이와 같은 방법으로 연구 참여자의 조별 과제 경험에 대한 응답에서 유사점과 차이점을 확인하고자 한다.

윤리위원회는 일반인 심사위원을 고려하였을 때, 검증하고자 하는 연구 가설이 충분히 드러나지 않았다고 보아 명확한 가설을 세우도록 요구할 가능성이 있다. 일반인뿐만 아니라 학자들도 검증할 가설이 없이는 어떤 연구도 진행할 수 없다고 생각하기에 당신은 연구 유형과 조사할 연구 질문을 명확히 전달해야 한다. 또한 윤리위원회는 연구 결과를 통해 얻어지는 효과를 알고자 한다. 만약 당신이 윤리위원회 구성원에게 연구가 미치는 효과를 확인시켜 주지 못하면 연구 윤리 승인을 받지 못하게 될 것이고, 그리고 연구 결과가 누구에게도 효용성이 없다면 시간 낭비일 뿐만 아니라 연구 참여자에 대한 예의가 아니라고 할 수 있다. 연구 윤리를 고려해 보았을 때, 다음과 같은 내용은 승인되기 어렵다.

본 연구는 대학에서 교수 · 학습 계획을 세우는 데 있어서뿐만 아니라 보다 더 광범위한 교육 분야에 효과적일 것이다. 구체적으로 언급하자면 자신의 전문성을 살려 취업 준비를 하는 대학생들을 지도하는 전문 교육 기관에 유용할 것이다.

윤리위원회의 주요 관심사는 연구 참여자들을 모집하는 방식이다. 예를 들어, 취약 계층, 피착취 계층, 미성년자, 노년층, 장애인이 참여하는 연구를 수행할 것인지, 사회적 소외 계층, 토착민 등의 소수자 집단, 여행자가 참여하는 연구를 수행할 것인지, 범죄자나 그 피해자가 참여하는 연구를 수행할 것인지와 당신은 관련하여 연구에 참여시킬 사람을 명백히 규정하고 어떻게 그들과 접촉할 것인지를 밝혀야 한다. 또한 연구 참여자들의 익명성을 어떻게 보장할 것인지도 제시하여야 한다. 연구자들은 종종 연구 참여자 표본 크기에 대한 통계학적인 정보에 대한 설명을 간과하기도 하지만, 윤리위원회 구성원은 연구 참여자에 대한 정보가 전혀 없다고 가정하고 상세하게 기술해야 한다.

또한 윤리위원회의 주요 관심사인 연구 참여자의 모집 방법에 대해서도 언급해야 한다. 어떻게 연구 참여자의 주소, 이메일, 전화번호와 같은 연락처를 수집할 것인지, 기관의 데이터베이스를 통해 얻을 것인지, 어떻게 윤리적 요구사항을 지키면서 연구 참여자에게 연락을 취할 수 있을 것인지를 생각해야 한다. 만약 연구 참여자와 같은 기관에 근무하기 때문에 연락처를 열람할 수 있다고 하더라도 연락처를 연구에 이용할 수 있다고 생각해서는 안 된다. 이는 연구 윤리를 위반하는 것이다. 앞에서 언급한 것들을 준수했다면 다음과 같이 작성할 수 있을 것이다.

> 연구와 관련된 모든 학생에게 연구에 참여할 것을 권유하였다. 나는 모든 학생을 표본으로 구성하지 않았으며, 특정 형태의 조별 활동에 참여하는 학생으로 이루어진 대표 집단을 연구 참여자로 하였다.

어떤 기관의 정보를 열람하려 한다면, 먼저 신청서와 신청서의 효과를 담은 편지를 기관에 보내어 기관의 승인을 받아야 한다. 당신은 연구 참여자들이 익명성과 자발적인 의사를 지니고 참여하였음을 보장하기 위하여 이 과정을 준비하게 된다. 당신은 윤리위원회에 다음과 같이 설명할 수 있다.

> 나는 기관의 구성원들에게 자발적으로 본 연구의 설문에 참여하도록 요청할 것이다. 구성원들의 이메일과 기관의 소식지를 통하여 모집할 것이고, 연구 참여자들은 이메일과 기관의 소식지에 링크된 설문지를 자원하여 작성할 것이다.

윤리위원회의 또 다른 관심사는 연구 참여자의 참여를 유도하는 방식이다. 연구 참여를 독려하기 위한 계획된 전략(집단면담 참여자를 위한 기념품, 식사, 문화상품권, 영화상품권 등)을 사용하기도 하나, 이와 같은 현금 등의 유인책은 제안하지 않는 것이 바람직하다. 이와 같은 방법이 자발적으로 연구에 참여하는 것보다 선호될 수 있지만, 연구 참여자가 유인책에 대한 보답으로 연구에 참여하는지, 유인책 자체가 연구 참여를 결정하는 데에 효과가 있는지 없는지는 알 수 없다. 유인책이 어떠한 역할을 하든, 중요한 것은 그것이 무엇인지와 그것이 어떻게 연구 참여자에게 전달되는지를 명확하게 제시해야 한다는 것이다. 가장 바람직한 상황은 연구에 참여함으로써 발생하는 교통비와 같은 비용을 마련해 주는 것이다. 이와 같은 과정들은 모두 기술되어야 하며, 유인책의 역할은 연구 설계와 절차의 일부로서 충분히 설명될 필요가 있다.

　연구자와 윤리위원회가 항상 관심을 두는 것은 유인책 자체보다 한 단계 위에 있다고 할 수 있는 문제인 유인책의 강제성이다. 당신은 연구가 모든 면에서 자발적인 참여로만 이루어지길 바랄 것이다. 하지만 선행 연구를 살펴보면 모든 연구자와 연구 참여자의 관계가 평등하지 않다는 사실을 알게 된다. 이는 기정사실이다. 여기에서 문제는 이와 같은 관계에서 연구에 강제로 참여시키기 위해 유인책을 사용할 것인지의 여부이고, 당신은 당연히 '그렇지 않다'고 답할 것이다. 윤리위원회는 당신의 '그렇지 않다'는 대답을 '그렇지 않다'는 말 그대로 수용하거나, 하나의 자격 요건으로 수용할 것이다. 당신의 학생, 고객, 환자 등 당신과 관련되어 있는 사람과 함께 연구하는 경우, 연구 참여자가 어떤 방식으로든 연구자에게 명백히 의존적이라고 볼 수 있다. 이러한 문제를 해결하는 하나의 방법은 이 관계가 연구에 영향을 주지 않도록 하기 위해 어떻게 할 것인지를 명시하는 것이다. 예를 들어, 당신의 학생이 연구에 참여하는 경우, 학생이 더 이상 당신의 지도를 받지 않는 경우에 연구에 참여하도록 설계할 수 있다. 다른 방법으로는 전문적인 연구 보조원이나 자료 수집자를 고용하고, 가명이나 코딩을 사용하게 하여 연구 참여자의 완전한 익명성을 보장하도록 하는 방법이 있다. 이 방법을 사용할 경우, 당신은 어느 학생이 참여하고 불참했는지에 대해 전혀 알 수 없다.

　윤리위원회가 또 알아야 할 것은 당신이 연구 참여자에게 어떤 질문을 할 것인가이다. 면담을 하고자 한다면, 개방형 질문과 그에 대한 연구 참여자의 답변을 좀 더 명확하고 상세하게 해 줄 후속 질문이 포함될 수 있다는 것을 제시한 면담 질문 목록을 제시해 주어야 한다. 설문조사를 하고자 한다면, 윤리위원회가 살펴볼 수 있도록 사본을 첨부해야 한다. 질문에는 '배우자에 대한 폭행을 언제 그만두었습니까?'와 같은 질문은 윤리적 기준에 어긋나기 때문에 포함될 수 없다. 당신은 연구 참여자를 속이려고 해서는 안 되며, 몰래 카메라나 마이크를 숨기는 것과 같은 은밀한 방법으로 면담을 해서는 안 되지만, 연구를 위해 학문적으로 불가피한 경우에는 윤리위원회를 설득하여 이와 같은 방식으로 연구를 진행할 수도 있다.

연구 참여자에게 연구 결과를 알려 주는 것은 윤리적인 문제뿐만 아니라 연구 참여자에 대한 존중의 문제이며, 연구 참여자는 주로 자신들이 제공한 자료에서 도출된 결과를 게재물의 형태로 받아 본다. 당신은 학위논문의 한 과정으로 학술대회에서 발표를 하거나 학술지 논문을 게재할 수도 있으나 주요 게재물은 학위논문이며, 이를 토대로 저서를 발간할 수도 있다.

> 연구 결과는 학술대회 발표를 통해 널리 알려질 것이고, 국내 및 국제 학술지에 게재될 것이라고 기대된다. 발표 자료들은 본 학위논문의 내용을 토대로 할 것이다. 또한 본 연구의 결과가 저서로 발간될 수도 있다.

윤리위원회는 당신의 초청에 연구 참여자가 응했을 경우에 일어날 수 있는 일을 당신이 안내하는지에 대해 알고자 한다. 여기에서 강조하는 단어는 '**초청**'이다. 당신은 연구 참여자에게 '**요청하다**' '**요구하다**' '**필요하다**'는 표현을 하지 않고 '**초청하다**'라고 표현할 것이다. 보통 편지나 이메일을 통해 연구 참여자를 초청하면서 연구 참여자에게 해야 할 것이 무엇인지, 해야 하는 이유가 무엇인지, 어떤 방법으로 할 것인지를 설명한다. 당신은 연구 참여자가 응하는 것이 순전히 연구 참여자의 자발적인 결정이고, 자료가 모두 수집될 때까지 참여자가 언제라도 결정을 철회할 수 있으며, 철회하더라도 연구 참여자에게 불리한 결과가 생기지 않는다는 것을 분명히 안내해야 한다. 가명 또는 코드로 자료의 내용을 정리하고 분석에 들어가면, 이 응답이 누구의 것인지 알 수 없고 종합적인 자료에서 특정 응답을 추출해서 보는 것이 불가능하게 될 것이다.

또한 연구 참여자들이 연구에 참여하면서 해야 하는 이 무엇인지와 그 일이 어떤 상황, 조건, 장소에서 이루어질 것인지, 소요시간은 어느 정도인지를 설명해야 한다.

또한 연구 참여자가 필요할 때 이용할 수 있는 상담이나 지원 서비스에 대해서도 안내해야 한다. 연구 참여자에게 필요한 것이 무엇인지를 이해하는 것이 가장 중요한 것임을 염두에 두어야 한다. 이는 당신이 아닌 연구 참여자가 결정하는 것이다. 당신은 윤리위원회의 승인 조건을 준수하고, 법의 테두리 내에서 연구가 진행됨을 안내해야 한다. 마지막으로 중요한 것은 당신이 만약 범죄 행위를 발견하게 된다면 법률에 의거하여 보고할 의무를 갖는다는 것이다. 예를 들어, 연구자가 아동 학대를 은폐하는 데에 일조할 수는 없다. 또한 책임 연구자와 윤리위원회 담당자의 연락처를 연구 참여자에게 알려야 하고, 그 연락처를 연구자의 신청서에 첨부해야 한다.

어떤 기관에 소속된 사람들을 연구에 참여시키고자 하는 경우, 이 연구에 대한 별도의 윤리 승인 신청서를 작성하도록 요구하는 기관도 있다. 예를 들어, 교육 부서나 대학 관계부처는 연구를 하고자 하는 연구자들에게 연구 윤리 승인 신청서를 작성하여 교육 부서나 대학 관계부처에 별도로 제출하도록 요구한다. 윤리적 요구사항에 각별한 주의가 필요한 집단에 접근하고자 하는 경우, 당신은 요구사항을 어떻게 준수할 것인지를 보여 주어야 한다. 물론 당신은 연구 참여자들이 명시된 바와 같이 마땅히 받아야 할 대우를 받아야 한다는 것에 주의를 기울여야 한다. 다음은 호주 원주민과 토레스 해협 섬 주민 연구학회[Australian Institute of Aboriginal and Torres Strait Islander Studies(IATSIS), 2012]에서 발표된 호주 원주민에 관한 연구 원칙이다. 다른 나라들도 이와 유사한 연구자를 위한 원칙을 가지고 있을 것이다. 제시된 원칙은 관련 윤리위원회에 신청서를 제출하고 연구를 수행하기 전에 자세히 살펴봐야 할 필요가 있다. 이 예시에서 중요한 것은 각 대학에서 연구 윤리 승인을 받는 것 이외에 별도로 이 학회에서 연구 윤리 승인을 받아야 한다는 것이다. 어떤 경우에는 각 대학에 연구 계획서를 제출하기 **전**에 연구 윤리 승인을 받도록 요구할 수도 있다. 당신은 이와 같은 요구사항을 확인하여 준수할 필요가 있다.

🎯 호주 원주민과 토레스 해협 섬 주민 연구학회의 윤리적 연구 원칙

- 원칙 1: 종족과 개인의 다양성과 특이성을 반드시 인정해야 한다.
- 원칙 2: 원주민의 자기결정권을 인정해야 한다.
- 원칙 3: 원주민의 무형문화재에 대한 권리는 그 종족에게 있음을 인정해야 한다.
- 원칙 4: 원주민의 전통적인 지식, 전통적인 문화 표현에 대한 권리를 존중하고 보호하고 유지해야 한다.
- 원칙 5: 원주민의 지식, 풍습, 사상을 존중하고 보호하고 유지해야 한다.
- 원칙 6: 원주민에게 연구에 대한 내용을 안내한 후 사전 동의, 자발적인 참여, 협의를 통해 참여하도록 한다.
- 원칙 7: 연구 진행 중에도 협의에 관한 책임은 지속적으로 유지된다.
- 원칙 8: 제안된 연구에 대한 협의를 통해 상호 이해를 달성해야 한다.
- 원칙 9: 협의는 연구 수행에 대한 공식적인 동의로 이어져야 한다.
- 원칙 10: 원주민은 자신의 기술과 경험에 적합하게 연구 과제와 과정에 전적으로 참여할 권리가 있다.
- 원칙 11: 연구에 참여하거나 연구의 영향을 받는 원주민은 연구로 인해 이득을 받아야 하며 불이익을 당해서는 안 된다.
- 원칙 12: 연구 결과에는 원주민이 궁금해하고 관심을 갖는 것에 답을 줄 수 있는 특정한 결과가 포함되어야 한다.
- 원칙 13: 연구 계획에는 연구 결과에 대한 접근 및 사용에 관한 관리를 위한 동의가 포함되어야 한다.
- 원칙 14: 연구 과제에는 연구의 윤리적 측면에 관한 보고를 하고, 그 지침을 따르기 위한 적합한 절차와 체계가 포함되어야 한다.

이러한 원칙을 준수하며 윤리위원회에 제출한 신청서의 예를 제시하고자 한다.

🎯 글쓰기의 예시 1

모든 원칙이 적용
되지는 않았음을
명시하기

본 연구와 직접 관련이 있는 호주 원주민과 토레스 해협 섬 주민 연구학회(IATSIS)의 윤리적 연구 원칙과 이를 준수하기 위한 과정은 다음과 같다.

특정집단의연구에
적용되는 윤리적
요구와 관련하여
명시적인 출처를
언급하기

• 원칙 3: 원주민의 무형문화재에 대한 권리는 그 종족에게 있음을 인정한다.
연구자는 연구 수행에 있어 원주민들이 자신들의 문화유산, 전통 지식, 과학 등의 유지, 통제, 보호 및 발전에 대한 권리가 있다는 것을 이해함으로써 이 원칙을 준수하고자 한다. 연구자는 원주민이 성스럽게 여기거나 외부인에게 알려지는 것을 꺼리는 지식을 얻고자 하거나 이를 위해 회유하지 않는다.

• 원칙 5: 원주민의 지식, 풍습, 사상을 존중하고 보호하고 유지한다.
연구자는 기록된 원주민의 지식이 서구법과 개념에 따라 소유물로서의 저작권을 가질 수 있음을 명확히 안내함으로써 이 원칙을 준수하고자 한다. 이를 통해 연구 수행에 있어 원주민의 지식을 인정하고 보호한다.

각 원칙을 열거할
뿐만 아니라 원칙
을 수행할 수 있는
방법 제시하기

본 연구와 관련된
원칙들을 확인하여
전문 인용하기

• 원칙 6: 원주민에게 연구에 대한 내용을 안내한 후 사전 동의, 자발적인 참여, 협의를 통해 참여하도록 한다.
이 원칙은 다음의 다양한 방법을 통하여 준수하고자 한다.
① 지역 원주민 교육협의회(Local Aboriginal Education Consultant Group: LAECG) 구성원이 면담에 동석할 수 있도록 기회를 제공한다.
② 가족이나 공동체 일원이 면담에 동석할 수 있도록 기회를 제공한다.
③ 원주민 공동체를 통해 연구 참여자들에게 상담 서비스를 제공한다. 이 서비스는 면담이 진행되는 시간과 장소를 안내한다. 또한 긴급한 일이 생겼을 경우, 이용 가능한 전화번호를 안내하고 긴급전화를 이용할 수 있음을 안내한다.
④ 원주민교육협회(Aboriginal Education Association)에 면담 승인을 받고 면담 실시에 대한 고지를 받는다.

• 원칙 11: 연구에 참여하거나 연구의 영향을 받는 원주민은 연구로 인해 이득을 받아야 하며 불이익을 당해서는 안 된다.

연구자는 연구를 수행함에 있어 원주민들이 지역 차원에서 이득이 있어야 함을 인정한다. 이를 입증하기 위하여 직접적이고 잠재적인 이득과 발전에 대해 공동체에서 개방적으로 토의하고 협의하고자 한다. 원주민 공동체와 토론하여 연구에서 도출된 정보가 공동체에 이득이 될 수 있도록 하는 최선의 방법을 모색한다.

- 원칙 13: **연구 계획에는 연구 결과에 대한 접근 및 사용에 관한 권리를 위한 동의가 포함되어야 한다.**
  원주민이 연구 결과에 지속적으로 접근할 수 있도록 함으로써 연구에 대한 원주민의 공헌을 인정한다. 면담을 하기 전에 자료에 대한 제도적 소유권을 비롯한 연구 결과의 소유권, 연구자와 원주민 연구 참여자의 개인적 권리 등은 상호 동의하에 서면으로 기록한다.
  원주민 연구 참여자가 연구에 참여함으로써 겪게 될 수 있는 위험을 줄이고자 면담 시 공동체의 다른 구성원이 동석하게 한다. 또한 원주민 연구 참여자들은 ○○자문기관으로부터 추가적인 도움을 받을 수 있다.

> 필요한 지원을 제공할 수 있는 기관을 명시적으로 언급하기

> 연구 참여자의 잠재적인 위험을 감소시키기 위해 추가적인 조치가 필요함을 인정하기

여기서는 IATSIS에서 제시한 모든 원칙이 아니라 연구에 해당하는 원칙들만 열거한 점을 눈여겨볼 필요가 있다.

🎯 '글쓰기의 예시 1'에 대한 해설

모든 연구 참여자는 소속에 관계없이 연구에 참여함으로써 겪을 수 있는 위험을 최소화할 수 있도록 대우받아야 한다. 예를 들어, 조별 과제에 대한 연구처럼 단순한 연구이기에 위험 가능성이 매우 낮다고 하더라도, 경험할 수 있는 가능한 위험에 대해 언급해 주어야 한다. 다음을 살펴보자.

본 연구는 연구 참여자들의 조별 활동이 끝난 후 자료를 수집할 것이므로 참여자들이 본 연구에 참여함으로써 어려움을 겪게 될 가능성은 없을 것이라고

사료된다. 하지만 연구 결과를 게재할 때 연구 참여자의 신원이 밝혀진다면 이
는 잠재적인 위험 요인으로 작용할 수 있다. 이와 같은 위험 요인을 최소화하고
자 모든 연구 참여자는 가명과 코드명으로 지칭되며, 게재될 연구 결과에는 결
코 언급되지 않을 것이다. 연구자는 연구 결과에 연구 참여자의 익명성과 기밀
을 보장할 것이다.

　호주 원주민이 참여하는 연구를 수행하고자 하였던 연구자는 연구 윤리 신청서에
연구와 관련된 원칙을 열거하고, 모든 원칙이 자신의 연구에 적용되는 것이 아님을
보여 주어 윤리위원회의 승인을 받았다. 즉, 연구와 관련되는 원칙을 제시함으로써
연구 수행 시 그 원칙을 어떻게 수행할 것인지에 대하여 제시하였다. 다음의 예시는
이 장에서 다루고 있는 다양한 윤리적 쟁점을 기술하고 있다.

🎯 글쓰기의 예시 2

제목은 윤리적으로 두 가지 가능한 문제 영역을 보여 주고 있다. 두 가지 영역이 무엇인지 확인해 보자.

연구제목: 공적 담론과 사적 담론: '십 대 어머니들'의 미취학 자녀 양육 실천 방법

① 십 대는 미성년자이다.
② 영유아와 관련된 문제를 다룰 소수자 입장의 어머니이다.

설명: 이 연구는 가정에서 미취학 아동의 읽기교육 실천에 대한 십 대 어머니들의 이해에 중점을 두어 개인의 내러티브를 이끌어 내고자 한다. 초기 읽기교육 실천에 관련된 물건, 사건, 행동의 시각적인 자료를 촬영하기 위해 연구 참여자 집단은 최대 6명으로 모집하고자 한다. 연구 참여자는 4~6주에 걸쳐 40~50여 장의 사진과 짧은 동영상을 촬영하게 될 것이다. 연구 참여자가 제출한 시각 자료는 1시간 동안 개방형 개별면담을 2차례 진행하는 동안 심층 답변을 유도하는 데에 사용될 것이다.

인용으로 주장을 뒷받침하기

목적: 이 연구의 목적은 미취학 자녀의 읽기 능력의 발달이 이루어질 때 십 대 어머니들이 이를 돕기 위해 어떻게 양육 실천을 하고 있는지를 탐구하는 것이다. 양육자는 자녀의 초기 읽기 발달에 있어서 중요한 역할을 한다(인용). 미취학 시기의 초기 읽기 발달은 이후 취학 시기의 인지적 · 학업적 성공과 연관된다(인용). 유치원이나 초등학교 입학 시기는 광범위한 초기 읽기 경험을 하는 시기로 유아들에게 매우 중요한 시기라고 할 수 있다. 영유아들은 '유치원에 가기 전에 다양한 필수 기술들을 나타낼 수 있다.'고 하며 교육자들은 몇몇 경험을 매우 가치 있는 것으로 여긴다(인용). 이들은 다양한 방식으로 지속될 수 있겠지만, 가정환경에서 발생하는 광범위한 초기 읽기 경험들을 대신하기는 어려울 것이다. 일부 연구(인용)에서는 양육자들에게 설문지를 작성하게 하거나 설문조사를 통해 가정 내의 읽기 환경에 대해 연구하였는데, 특정한 읽기 활동에 양육자들이 참여하는 횟수에 중점을 두어 탐구하였다. 이 연구는 양육자들의 양육 실천을 연구 결과에 여실히 드러내는 것이 어렵다는 제한점을 지니고 있다.

전문용어를 사용하지 않고 설명하기

수행할 내용을 명확히 진술하기

연구 목적을 명확하게 진술하기

의의: 이 연구는 십 대 어머니의 자기표상과 정책, 대중매체, 교육 담론 간의 간극을 살펴보고자 한다. 많은 선행 연구는 십 대 어머니의 사회적 문제와 대중적 담론에 초점을 맞추어 십 대 어머니의 부정적인 구조화를 지속시키는 경우가 대부분이다(인용). 단지 몇몇 연구에서만 십 대 모성과 양육 실천의 긍정적인 측면을 인정하고 있으며, 십 대 어머니 자신의 상황에 대한 인식과 이해를 알아보기 위하여 개방형 면담을 사용하였다(인용).

선행 연구와의 차이 기술하기

연구의 이점 진술하기 ▶ 이 연구는 십 대 어머니가 자녀의 초기 읽기 발달에 관한 자신의 양육 실천을 어떻게 이해하고 있는지에 대하여 새로운 통찰을 제공할 것으로 기대된다. 이는 국가 차원에서 정책 입안자와 교육계 의사결정권자뿐만 아니라 공동체 차원에서는 십 대 어머니와 그 자녀를 위한 지원 프로그램을 운영하거나 개발하는 다른 집단들에게도 유용한 정보를 제공할 수 있을 것이다.

연구 수행: 이 연구에서는 방법론으로 사진 유도법(photo elicitation)을 제안한다. 사진 유도법에서 시각적 자료는 연구 참여자의 심층적인 답변을 유도하기 위하여 사용된다. 이 기법은 연구 참여자들이 논의를 주도하는 데에 도움이 되고 과정과 절차 구체화하기 ▶ 보다 심도 깊은 대화를 촉진할 수 있다(인용). 사진 유도법은 연구자와 연구 참여자의 공동 작업을 가능하게 하므로 이를 통하여 '연구 참여자의 가치, 신념, 태도, 의미'를 반영하는 자료를 산출할 수 있다(인용).

자료는 4~6주 동안 연구 참여자가 찍은 사진과 동영상이다. 이 자료들은 두 번 이루어지는 1시간 동안의 연구 참여자 중심의 개방형 개별면담에서 심층적인 답변을 유도하기 위하여 사용될 것이다. (인용)은 "연구 참여자들이 직접 만든 이미지를 연구에 포함시키는 것은 연구자가 연구 참여자의 사적 세계로 들어갈 수 있는 기회를 제공한다."라고 하였다. 자료에 나타나는 개인적인 내러티브들은 연구 참여자의 세계를 더욱 긴밀하게 반영할 수 있고, 연구 참여자들의 개인적인 ◀ 개방형 질문의 사용과 그 이유를 기술하기 목소리들은 연구 결과를 찾아가는 데에 도움을 준다(인용). 개방형 면담 질문은 연구 참여자의 대답 영역을 제한하지 않는다(인용). 연구 참여자 중심의 개방형 개별면담은 연구 참여자와 연구자 간의 역동적인 상호작용을 촉진하고(인용), 이를 통해 연구 참여자의 생각과 경험을 포착할 수 있도록 한다.

연구 참여자는 연구자와의 첫 만남에서 디지털카메라, 부대용품을 제공받고, 사진과 동영상을 수집하는 방법에 대한 설명을 듣는다. 연구 참여자는 자녀와 함께 겪은 초기 읽기 경험을 반영한다고 여겨지는 물건, 사건, 행동은 무엇이든 사진과 짧은 동영상으로 40~50여 개를 촬영해 올 것을 요청받는다. 연구 참여자들은 4~6주 동안 카메라 및 부대용품을 이용하여 시각 자료들을 수집한다. 자료수집이 끝나는 시점에 사진 및 동영상 자료를 다운로드하고 복사하기 위하여 카메 ◀ 연구 참여자의 익명성 보장 기술하기 라를 수거할 것이고, 각 자료에는 가명을 부여하여 코딩할 것이다. 각 연구 참여자들은 각자가 생산한 자료의 사본을 받는다.

연구 참여자가 제출한 사진과 동영상은 1시간 동안 연구 참여자 중심의 개방형 개별면담으로 이루어지는 1차 면담을 위한 촉진제로 사용된다. 면담은 디지털 녹음기로 녹음되고 전사된다. 전사본이 준비되면, 각자의 전사본을 읽어 볼 수 있도록 각 연구 참여자에게 사본을 제공하고, 2차 개별면담을 진행할 때에 연구 참여자들에게 전사 자료의 정확도에 대한 평가를 요청하고, 첫 번째 면담의 답변들을 명확하게 할 것이다. 2차 면담 역시 녹음하고 전사한다. 2차 면담에서는 연구 참여자가 제출한 사진과 동영상이 연구 참여자의 답변을 지지하는 역할로 사용된다. 이제부터 사진과 동영상은 연구 자료에서 제외되며, 면담 전사본이 자료로서 분석된다.

연구 참여자 모집: 연구자는 ○○지역 '십 대 부모 프로그램'에 모집 광고를 통해 연구 참여자를 모집하고자 한다. 이전부터 특정 프로그램과 비공식적으로 접촉해 왔고, 연구 참여자들을 모집하는 데에 그 프로그램을 활용할 수 있도록 허가받기 위하여 관련 부서들과 접촉한다. 15~19세의 연구 참여자들을 최대 6명까지 모집하고자 한다. 이 연구는 십 대 부모 프로그램에 참여하는 여성들의 연령에 따라 연령 범위를 설정하였다. 이 연구는 질적연구이기 때문에 통계학적인 인구 표본이 필수적으로 요구되는 것은 아니다. 그보다는 소수의 연구 참여자를 표본으로 하여 그들의 세계에 대한 심층적인 이해와 그 의미를 파악하기 위하여 국지적이고 특정한 맥락에 중점을 둔다(인용).

연구의 이익: 이 연구에서 도출될 결과는 십 대 어머니가 제공하는 자녀의 읽기 발달 출현에 관한 양육 실천과 이해에 대하여 새로운 통찰을 제공할 것으로 기대된다. 이는 유아가 공교육을 향하여 나아가는 맥락에서 중요하다고 할 수 있다. 이 통찰은 국가 차원에서는 정책 입안자와 교육계 의사결정권자뿐만 아니라 공동체 차원에서는 십 대 어머니와 그 자녀를 위한 지원 프로그램을 운영하거나 개발하는 다른 집단들에게도 유용한 정보를 제공할 수 있을 것이다.

위기관리: 이 연구에서는 영유아뿐만 아니라 십 대 어머니를 위한 윤리적 고려사항을 다루고 있다. 영유아는 어머니가 찍은 사진에 등장할 수 있으나, 다른 상황에서 사진을 찍거나 동영상을 촬영하는 것과 차이가 없으므로 유해성이 감지되지 않는다. 자발적으로 연구에 참여한 이들은 연구 참여자 중심의 개방형 개별면담을 위한 촉진제가 될 수 있는 사진과 동영상을 직접 촬영함으로써 연구에 기여할 것이다. 연구 참여자가 겪을 수 있는 어려움은 사진과 동영상을 촬영하기 위하여 시간을 들이는 것, 면담에 참여하는 것 전반에 있다. 인간대상연구의 연구 윤리 강령에 관한 국가 성명(National Statement on Ethical Conduct in Human

Research, 2007)에 따르면 이는 불편의 범주에 해당될 수 있다.

연구 참여자들이 생산한 자료들(사진과 동영상)과 면담 녹음 자료는 보안 측면에서 연구 참여자들에게 잠재적인 위험성을 지닌다고 볼 수 있다. 이는 연구 참여자와 그 자녀의 가명 사용, 사진과 동영상 자료의 코딩 등 보안 절차에 따라 관리될 것이다. 연구 참여자가 제출한 사진, 동영상, 모든 신원 정보, 전사본과 해석 자료는 5년간 ○○의 별도 잠금장치가 된 시설에 보관될 것이며, 책임 연구자, 공동 연구자, 학생 연구자에 한하여 열람이 허가될 것이다. 연구 참여자들은 첫 논의과정에서 자료 보안과 관련된 안내를 받을 것이다. 연구 참여자들은 연구과정 중 언제든지 연구 참여를 철회할 수 있다. 연구 참여자에게 사생활 보호 및 비밀 보장을 명시한 지침을 이해하기 쉬운 언어로 작성한 안내문이 제공될 것이다. 사진과 동영상은 연구기간 중이나 연구가 끝난 후 어떠한 경우라도 복제 및 출판될 수 없도록 할 것이다. 사진과 동영상 자료는 연구 참여자 중심의 개방형 개별면담에서 보다 심층적인 답변들을 촉진하기 위한 용도로만 사용한다. 이와 같은 내용은 각 연구 참여자와의 1차 면담에서 공지될 것이고, 비밀보장을 위하여 연구 참여자의 자녀 외에 다른 사람이 사진이나 동영상에 포함되지 않도록 한다.

> 연구 참여자의 곤란을 최소화하기 위한 세부적인 절차 기술하기

> 이해하기 쉬운 언어로 정보 제공하기

연구 참여자를 위한 지원: 사진과 동영상 자료수집은 연구 참여자가 자녀와 함께 하는 일상적 활동의 맥락에 있으므로 연구 참여자들에게 유해하거나 위험을 발생시키지 않는다고 판단하여 부가적 지원이 필요하지 않을 것이라고 예상된다. 연구 참여자 중심의 개방형 개별면담을 진행하는 동안 십 대 어머니들은 그들의 양육 실천을 묘사하도록 요청받는다. 연구 참여자는 자신이 이야기하는 내용이 연구자에게 부정적으로 보일까 봐 불안감을 가질 수도 있다. 면담 중 이와 같은 상황이 발생할 경우, 연구자는 즉시 면담을 중단할 것이다. 연구 참여자가 연구에 대한 문의사항이 있거나 연구과정에 대해 논의하고자 하는 사항이 있으면 책임 연구자와 연락할 수 있도록 연락처를 제공할 것이다. 연구 참여자들이 자신에게 영향을 미칠 수 있는 문제들을 다루기 위하여 훈련받은 사람과 이야기할 필요가 있다고 느낄 때 연락할 수 있는 긴급전화(_____)가 이해하기 쉬운 언어로 안내될 것이다.

> 필요 가능성이 낮더라도 연구 참여자를 위한 지원체계 명시하기

연구 참여를 독려하기 위한 전략/금전적인 세부사항: 필요한 경우 교통비를 제공할 것이다. 연구 참여자는 버스를 이용함으로써 교통비가 발생할 수 있다. 연구자는 한 사람당 최대 15달러의 비용이 들 것이라고 예상하고, 연구 참여자가 동의할 때에 대중교통 카드로 교통비를 지원한다.

> 금전적인 사항 기술하기

🎯 '글쓰기의 예시 1과 2'에 대한 해설

앞서 제시된 두 개의 예시는 모두 잘 작성된 신청서로, 연구 윤리 승인을 받아 박사 학위 연구를 계속 진행할 수 있었다. 잠재적인 문제를 고려할 때 중요한 점은 발생 가능성이 아무리 낮다고 하더라도 그 문제와 그것을 어떻게 다룰 것인지를 언급하는 것이다. 아무리 위험 요소가 없을 것 같아 보이는 전략일지라도, 그와 관련된 대학의 상담 서비스나 연구 참여자에게 지원을 제공할 수 있는 단체를 제시해 주는 것이 좋다. 긴급전화 등의 단체가 있다면 연구 참여자가 이용할 수 있음을 언급해 둘 수 있다. 연구에 참여하며 어떠한 이유로든 불쾌하거나 혼란스러울 수 있는 경우를 대비하여 일종의 지원 방안을 생각해 두어야 한다. 앞의 두 가지 예시의 신청서를 살펴보면, 관련된 정책 문서와 지침을 읽었고, 위기와 위기 관리 방안을 고려하였으며, 윤리위원회에서 관심을 기울일 만한 사안들을 꼼꼼하게 언급한 것을 살펴볼 수 있다. 즉, 연구자가 제안한 연구의 윤리적 요구사항들을 다룰 수 있는 능력이 있음을 입증한 것이다. 또한 연구 수행 시 윤리적 고려사항의 책임자인 책임 연구자의 이름을 기입했고, 연구가 진행되는 동안 책임 연구자의 지속적인 감독을 받을 것을 명시하였다.

연구 참여자를 위한 사항

이해하기 쉬운 언어로 제공되는 정보

당신은 연구 참여자에게 정보를 제공하기 위하여 윤리위원회에 제시한 내용을 보다 쉬운 언어로 다시 작성해야 한다. 주요 내용은 연구 참여자들이 어떤 연구에 참여하게 되는지에 대한 전반적인 정보를 제공하는 것이다. 먼저, 연구 참여자의 주소를 쓰고, 연구자의 이름을 기입하고, 자료를 가지고 무엇을 할 것인지, 자료를 어떻게 저장할 것인지, 자료를 언제 폐기할 것인지 등을 자세하게 안내해야 한다. 다음은 이와 같은 내용의 일부로 윤리위원회가 요구한 사항을 다루고 있다.

저희는 _____을/를 밝히기 위한 연구를 수행하고 있습니다. 저희는 귀하가 저희 연구 과제에 참여하여 귀하와 귀하의 자녀가 가정에서 일상적으로 사용하는 언어를 기록해 주실 것을 부탁드립니다. 저희는 평상시 대화가 이루어지는 유형에 따라 대화 유형을 '가정에서의 대화, 사회에서의 대화, 학교에서의 대화, 교사와의 대화'로 구분하고자 합니다. 저희는 각 대화를 기록하고, 필요한 경우 번역하여 언어 사용에 대한 사례 연구의 자료로 사용하고자 합니다. 연구 결과가 출판되면 언어 사용에 대한 이해와 초등학교 언어교육의 향상에 도움을 줄 수 있기에 이 연구가 중요하다고 할 수 있습니다. 귀하가 연구자와 면담하실 시간은 최장 45분 정도이고, 귀하와 자녀의 신원과 사생활 보호를 위한 예방책이 마련되어 있습니다.

모든 녹음 파일은 귀하와 자녀에게 들려드리므로 어떠한 내용이 연구에 사용되는지 알 수 있으며, 이유와 상관없이 사용되지 않기를 바라는 부분이 있다면 연구에 사용하지 않겠습니다(이유를 제시하지 않으셔도 됩니다). 또한 전사본 한 부를 보내 드릴 것이며, 그 기록에서 사용되기를 원하지 않는 부분이 있다면 삭제하고 사용하지 않을 것입니다. 대화를 옮겨 적은 기록이나 연구 논문에 나타나는 모든 정보는 귀하와 자녀의 신원이 드러나지 않는 방식으로 제시될 것입니다. 이 모든 정보는 연구실 내의 잠금장치가 있는 서류 보관함에 보관될 것입니다.

> 이와 같은 언급이 반드시 필요함. →

비밀은 법의 범위 내에서 보장됩니다. 녹음 파일과 전사본은 연구 종료 시점으로부터 5년 후 폐기될 것입니다. 귀하와 자녀 모두 해당 연구에 참여할 의무는 없으며, 누구든 연구가 진행되는 과정 중 언제라도 참여를 중단할 수 있으며, 이로 인해 불이익을 받지 않을 것입니다.

연구 종료 시 연구 논문을 보내 드리므로 연구 결과를 확인할 수 있습니다.

정보에 입각한 동의

이제 당신은 연구 참여자에게 정보를 제공하여 공식적인 동의를 얻어 낸 방법을 윤리위원회에 보여 주어야 한다. 안내지에는 연구 참여자가 정보에 대한 안내를 충분히 받고 동의했음이 나타나야 한다. 연구 참여자가 작성한 질문지나 설문지 또는 인터넷 설문조사, 연구 참여자가 서명한 동의서 등이 근거가 될 수 있다. 동의서 형식은 연구 참여자에게 보내는 안내지와 비슷한 역할을 하지만 훨씬 더 간결하다. 요구되는 형식과 구성은 각 대학에 따라 다른데, 다음 예에서는 주요 요소를 중심으로 다루었다.

과제명: 연구자가 지금까지 사용해 온 제목을 그대로 기재한다.
연구자: 책임 연구자, 공동 연구자, 학생 연구자의 이름을 기재한다.

동의서: 다음의 정보를 기입한다.
본인은 _____의 _____
_____
_____
_____
_____
(학생 연구자의 이름, 연구자가 진행할 연구에 대한 진술)에 동의합니다.

본인은 연구 과제에 대해 구두 또는 서면으로 설명을 제공받았으며, 본인이 요청한 정보에 대하여 충분히 답변을 들었습니다.

본인은 다음의 내용을 알고 있습니다.

이와 같은 내용을 반복하여 언급하기 →

• 연구 참여자가 제공하는 모든 정보는 (법적 범위 안에서) 엄격하게 비밀로 다루어질 것이며, 연구 자료는 연구 참여자의 이름이나 주소록과 별도로 보관된다.
• 연구 참여는 자발적으로 이루어진다.
• 수합된 자료는 연구 목적으로 사용되며, 학술지 논문이나 학술대회에서 발표될 수 있다.
• 약 1시간가량 진행되는 개별면담이 있을 것이며, 이는 녹음될 것이다.
• 연구 참여자는 언제든지 연구 참여에 대한 동의를 철회할 수 있다. 동의 철회 시 자료수집을 즉시 중단하며 수집한 정보는 사용되지 않는다.
• 자료들을 분석한 시점에서는 연구 참여를 철회할 수 없다.

서명 _____   날짜 _____

◎ 표현상의 유의점

연구 윤리 신청서는 박사학위논문과 별개이다. 연구 윤리 신청서는 논문의 주제와
는 다른 목적으로 다양한 독자를 겨냥한다. 첫째, 신청서는 미래 시제로 써야 한다.
둘째, 제안하는 연구에 참여하는 많은 사람(책임 연구자, 공동 연구자, 공동 책임자, 학생
연구자, 연구 참여자)을 언급할 것이기에 3인칭으로 서술한다. 즉, '학생 연구자는/책임
연구자는 ~할 것이다.' 또는 '연구 참여자는 ~하도록 유도될 것이다.'와 같이 작성한
다. 또 다른 표현의 예는 다음과 같다.

- 위기 관리: 연구 참여자들이 평소의 전문적인 활동에서의 위기 이외에 다른 위기
  를 마주할 것이라고 예측되지는 않으나, 위기가 있다 하더라도 이에 대한 이득
  이 더욱 클 것으로 사료된다(어떤 이득이 있는지 서술하기).
- 연구 참여자 지원 서비스: 연구자는 연구 참여자가 추가적인 지원을 필요로 할 것
  이라고 예측되지는 않으나, (기관명)에서는 해당 기관의 구성원에게 모든 연구
  참여자는 평상시에 서비스를 받을 수 있다는 것을 알릴 것이다. 연구 참여자가
  그러한 지원을 받고자 할 때에는 해당 서비스로 연결해 줄 것이다. 또한 연구자
  는 상담사에게 특정 연구기간에 진행될 것이며, 연구 참여자들이 연구에 관하여
  상담을 신청할 수 있음을 알릴 것이다. 연구 참여자에게는 연구 참여로 인하여
  불쾌하거나 혼란스럽거나 도움이 필요할 때 지역의 (기관명)에서 제공하는 무료
  상담 서비스나 긴급 전화에 도움을 요청할 것을 안내할 것이다.
- 연구 참여자에게 연구 결과, 연구 논문 출판 등에 대한 정보 제공: 모든 연구 참여자
  는 연구 논문이 출판될 시 홈페이지의 게시판을 통해 소식을 전달받을 것이다.
  저작권 허가가 가능하다면 논문 출판물, 학술대회 원고 등의 사본이 홈페이지에
  게시될 것이고, 연구 참여자 누구나 읽어 볼 수 있을 것이다. 연구자는 연구 참
  여자들이 연구 결과에 관심을 갖고 있을 것으로 예상하고, 연구 종료 후에도 모
  든 연구 참여자의 관심을 유지하도록 독려할 것이다.

🎯 연구 윤리 승인 거부

모든 신청서가 연구 윤리 승인을 받는 것은 아니다. 윤리적 요구사항을 명백히 위반한 경우는 승인이 거부된다. 이는 연구자가 자신의 연구 수행과 관련된 윤리적 요구사항에 세심한 주의를 기울이지 않은 것이라고 볼 수 있다. 승인이 거부된 신청서 중 모든 신청서의 내용을 사용할 수 없는 상황은 아니다. 대부분은 세부사항을 충분히 명료하게 작성하지 못한 경우이거나, 강제성을 암시하는 언어('요구' '요청'과 같은 단어보다는 '유도'와 같은 단어를 사용하길 추천한다.)를 사용한 경우, 연구 참여자에게 상급자에 대한 평가를 하게 한 후에 연구 참여자가 마주하게 될 위기를 저평가한 경우, 연구 참여자와의 관계가 종료된 이후의 연구기간을 제시하지 않은 경우, 연구 참여자가 전과에 기록이 되지 않은 범죄를 저지른 적이 있는데 그 범죄에 대한 질문을 할 예정인 경우 등이다. 여기에서 연구자가 유죄판결을 받은 범죄자를 대상으로 연구를 진행한다면 그 범죄에 대한 질문을 할 수 있다. 하지만 유죄판결을 받지 않은 범죄에 대한 질문을 하는 경우는 다른 경우이다. 연구자는 자신이 연구하는 범죄에 관한 연구 참여자의 경험이 그들의 응답에 영향을 주는지의 여부만을 단순히 확인하고 싶기 때문에 해당 질문이 무해하고 합법적이라고 생각하지만, 이는 연구 윤리 강령을 제대로 읽지 않은 경우라고 볼 수 있다.

윤리위원회가 제시하는 윤리적 요구사항을 어느 정도 이해하고 있는 연구자를 전적으로 승인 거부하는 경우는 드물다. 윤리위원회는 신청서에서 적절하지 못한 범죄 관련 문항을 정확하게 짚어 주지는 않더라도 부적절한 표현이 사용되었다든지, 과정에 대한 설명이 부족하다든지 하는 등의 지적을 하고 보다 명료한 진술을 요구한다. 그러면 연구자는 이를 반영하여 신청서를 수정하고, 신청서를 다시 제출하여 윤리위원회가 중요하게 여기는 윤리적 사항에 대한 재확인을 받는다. 보통 이 시점에서는 윤리위원회가 연구 윤리 승인을 하게 된다.

🎯 추천도서

　연구 윤리 승인 신청을 위해 읽어야 할 가장 중요한 자료는 윤리적 요구사항과 관련된 국가 및 각 대학의 정책 규정으로, 당신은 각 규정의 조항에 따라 신청서를 작성해야 한다.

🖊️ 유용한 정보 3

이미 졸업한 연구자가 자신의 박사학위논문으로 책을 쓰고자 하는 의욕과 여유가 생겼다. 자신이 제출했던 연구 윤리 신청서를 확인해 보았고, 다행히 당시 연구 결과의 출판물 형태 중 하나로 책을 언급해 두었다. 그 당시에만 해도 책을 펴내겠다는 생각은 하지도 못하고 박사학위논문을 완성하는 데에만 초점을 맞추고 있었다. 만약 연구 윤리 신청서에 책을 언급하지 않았더라면 책을 펴내는 데에 자신의 박사학위논문을 사용할 수 없었을 것이다. 그 연구자는 현재 책을 펴낸 저자가 되었다.
연구 윤리 신청서에는 연구를 어떤 방식으로 출판할 것인지를 명시해야 한다. 이 시점에는 해당 주제가 관련되는 학회지나 학술대회 발표원고 정도로만 출판 형태를 명시하는 것이 마음이 편하다고 생각할지도 모른다. 그러나 위의 사례를 기억하고 당장은 책을 쓸 마음이 없더라도 책을 언급해 두도록 하자. 박사학위논문에서 방대한 내용을 써 낸 후에 그 내용을 분석하고 논의하고도 더 하고 싶은 말이 있을 수 있으며, 이와 같은 경우에는 책을 쓰는 것이 하나의 방법이 될 수 있다. 책을 출판할 수 있도록 연구 윤리 승인을 받았다면 책을 쓰기 위하여 새롭게 자료를 수집하지 않고 박사학위논문을 위해 수집했던 자료를 사용해도 된다. 그렇다고 책을 꼭 쓰지 않아도 된다. 하지만 책을 쓰겠다고 결심했을 때 필요하게 될 연구 윤리 승인은 받아 두도록 한다.

🎯 결론

　학위청구논문 심사 신청이 장애물이 아니라 저명한 학자들로 하여금 자신의 연구를 세심히 살펴보게 하는 기회이듯이, 연구 윤리 신청서 또한 식견이 높은 윤리위원회 위원들이 당신의 신청서를 꼼꼼히 살펴 그 내용이 요구된 기준에 부합하는지를 확인해 주는 기회라고 볼 수 있다. 연구 윤리 신청은 뛰어넘어야 할 장애물이 아니라 자신의 연구가 최고 기준에 부합함을 입증하는 확인 절차라고 보아야 할 것이다.

Part 2
박사학위논문 작성하기

04단계 이론적 배경

05단계 방법론

06단계 연구방법

07단계 기법

08단계 자료수집

09단계 자료분석

10단계 결론 및 제언

11단계 논문 마무리, 제출과 심사

12단계 학위논문의 출판

2단계 '학위청구논문 심사 신청과 공개 발표'에서 심사 신청과 공개 발표의 과정에 대한 개념을 잡는 데에 도움이 되는 개념도를 살펴보았다. 이제 우리는 이 개념도를 박사학위논문 과정의 개념화에 도움이 되도록 다시 수정할 수 있다. 다음 단계들에서 이러한 내용을 다룰 것이다.

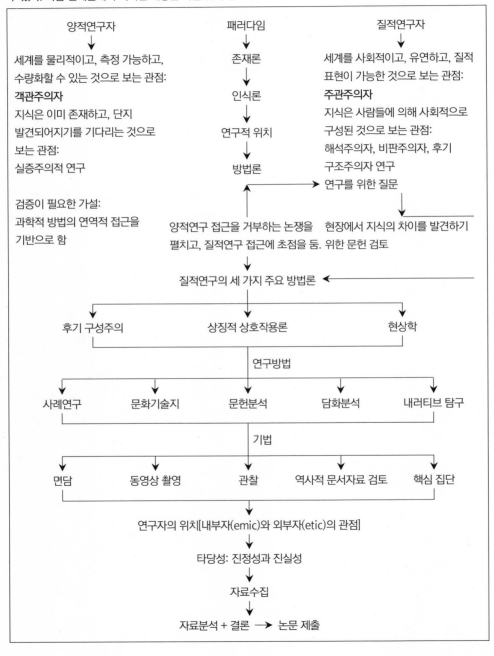

이론적 배경

이론적 배경

　여기에서는 박사학위 후보생이 이론적 배경을 준비하고 작성할 수 있는 여러 가지의 전략을 소개하고자 한다. 당신의 분야에서 다른 연구자들이 당신이 선택한 연구 문제와 쟁점을 당신의 관점으로 다루지 않았다면 당신의 박사 후보 자격은 보장될 수 있다. 그러나 당신의 연구는 해당 분야의 큰 그림의 한 부분이며, 전반적인 연구 문화를 발전시킬 수 있는 하나의 연구이다. Cooper(1989)는 "과학의 누적되는 특성을 고려한다면, 지금까지의 연구에 대한 신뢰할 만한 결과가 질서정연한 지식의 구축을 위한 필수조건을 만든다."라고 하였다. 당신은 '신뢰할 만한'이라는 단어에 주목해야 할 것이다. 당신의 이론적 배경은 선행 연구에 대한 신뢰할 만한 설명이라고 할 수 있다. 학위과정 동안에 이루어지는 문헌 검토 중, 신뢰할 만한 문헌들과 그 이외의 문헌들의 차이를 구별하는 것이 중요하다. 예를 들면, 방법론과 연구방법에 관한 문헌은 방법론과 연구방법에 관한 장에서 언급될 것이고, 이론적 배경 장에서는 다루어지지 않는다. 이 장에서는 당신이 연구하고자 하는 분야에서 이미 게재된 연구를 살펴보는 방법에 대해 구체적으로 다루게 될 것이다.

🎯 이론적 배경 작성을 위한 문헌 검토

Bruce(1994)는 자신의 대학 학생들과 함께 수행한 연구에서 "논문 지도과정에서 지도교수 및 다른 교수들은 학생을 지도하기 위해 이론적 배경을 하나의 문제 영역으로 받아들여야 하며, 그에 대한 전략을 발전시켜야 한다(p. 217)."라고 주장하였다. 또한 이론적 배경을 위한 문헌분석 과정에서 겪은 불안감과 같은 자신의 감정과 경험을 지도교수에게 이야기해야 할 필요가 있다고 하였다. 왜냐하면 문제가 무엇인지 발견이 된다면 관리가 가능해지기 때문이다. 많은 연구자는 아무런 사전 지식이 없는 상태에서 문헌 검토를 시작하기 때문에, 어디서부터 어떻게 시작해야 할지에 대한 조언을 구하는 것이 반드시 필요하다. 지금 당신에게 가장 먼저 필요한 것은 이론적 배경을 위한 문헌 검토가 무엇을 위한 것이며, 무엇을 해야 하는지에 대한 개념을 정립하는 것이다.

Bruce는 이론적 배경을 위한 문헌 검토에 대한 개념화를 ① 목록, ② 검색, ③ 조사, ④ 학습 수단, ⑤ 연구 촉진자, ⑥ 보고로 정리하였다.

이는 당신의 머릿속에 매우 다양한 개념화가 존재한다는 점과, 이론적 배경을 준비하는 단계에서 당신이 문헌 검토에 대하여 위와 같은 다양한 개념을 고려해야 한다는 것을 보여 준다. Bruce는 이를 상위 수준의 개념화와 하위 수준의 개념화로 분류하였다. 박사학위 후보생의 연구 초기 단계에서는 이해 가능하고 예측 가능한 하위 수준의 개념화가 가능하나, 이는 이후 단계에서 요구되는 완전하고 풍부한 연계에는 충분하지 않다고 하였다. Bruce가 제시한 개념화는 [그림 4-1]과 같다.

당신은 이 표에서 자신의 문헌 검토에 대한 이해 수준이 어디에 해당되는지와 자신의 개념화를 상위 수준으로 조절해야 할 필요가 있는지의 여부를 스스로 점검해야 한다. 당신은 이론적 배경을 위한 문헌 검토에 대하여 자신이 어떻게 생각하고 있는지에 해당하는 척도에 동그라미 표시를 하고 얼마나 더 알아야 하는지에 대하여 자문해 볼 필요가 있다.

목록	검색	조사	학습 도구	연구 촉진자	보고
학생과 문헌 사이에 직접적인 상호작용이 없음.	직접적인 상호작용이 부족함. 검색 과정에 초점을 둠.	보다 직접적인 상호작용이 이루어지지만 일방적임. 문헌 자체에 초점을 둠.	직접적인 상호작용이 이루어져 문헌 자체를 뛰어넘고 학생 자신의 개인적 발전에 초점을 둠.	직접적인 상호작용이 이루어져 연구 과제에 대한 문헌의 영향에 대한 차원을 추가함.	직접적인 상호작용이 이루어지며, '최종적' 보고로 마침. 연구를 구체화하고 학생의 지평을 확장시키며 마침.

하위 수준 / 상위 수준

[그림 4-1] 박사학위 후보자의 문헌 검토에 대한 개념화

출처: Bruce(1994)에서 수정.

문헌 검토란 무엇인가

만약 당신이 Bruce가 제시한 하위 수준에 해당한다면, 이론적 배경을 위한 문헌 검토의 입문 단계에 해당될 것이다. 만약 그렇다면 당신이 하려고 하는 것이 무엇인지에 대해 다시 생각해 보는 것이 도움이 될 것이다. 여기에서 당신의 목표는 척도의 상위 수준으로 나아가는 것이다. 문헌 검토는 지난 몇 주나 몇 달 혹은 몇 년 동안 당신이 읽어 온 것들을 목록화하는 연습이 아니다.

문헌 검토는 연구 분야의 주제에 대한 개요와 그들 간의 상호관련성을 보여 주기 위한 것이다. 이를 통해 선행 연구의 주요 관심사, 연구 결과, 공통된 주제를 알아보며, 이 주제에 관한 최근의 쟁점을 보여 준다. 이를 통해 선행 연구들의 제한점을 살펴볼 수 있으며, 당신이 어디로 가야 할지를 알 수 있다. 대부분의 연구자는 이전에 누구도 고려해 보지 않았던 완전히 새로운 분야를 시작하는 것이 아니며, 해당 분야의 한 부분을 연구하는 것이다. 즉, 당신은 아무것도 없는 바탕 위에서 작업을 하는 것이 아니고, 당신이 연구 결과를 통해 발견한 것은 다른 연구자들이 지금까지 생성해 온 지식체의 한 부분이 될 것이다.

당신의 연구 결과가 학계에 충분히 기여할 가치가 있다 하더라도, 당신이 이를 설명하지 않는다면 아무도 그 연구가 어떻게 기여하는지 알 수 없다. 당신이 이론적 배경을 쓸 때, 관련 선행 연구들에 의한 지식체에 이 연구가 어떤 내용을 추가하고, 무엇을 부정하고, 수정하는지를 설명해야 할 필요가 있다. 이는 당신이 박사과정을 시작하면서부터 읽어 왔던 모든 논문을 단순히 요약하는 문제가 아니다. 당신은 이론적 배경을 통해 자신의 연구와 다른 연구 간의 직접적인 관련성을 보여 주고, 이것이 연구 설계를 하는 데에 어떻게 관련되는지를 보여 주어야 할 것이다.

이론적 배경을 위한 문헌 검토의 첫 번째 기능은 기존의 지식을 살펴보고, 그로부터 당신의 연구가 어떻게 이끌어졌는지를 보여 주는 것이다. 문헌 검토의 두 번째 기능은 기존 선행 연구와의 차이를 알아내는 것이다. 이러한 차이는 기존 연구자들의 관심이 부족했던 영역과 학문적인 방식으로 여전히 조사될 필요가 있는 영역을 알려 준다. 어떠한 학문 분야든지 기존의 문헌에서 다루지 않은 빈틈이 존재하며, 이러한 빈틈은 당신 자신의 연구를 시작할 수 있도록 해 준다. 하지만 선행 연구들의 빈틈 그 자체가 연구의 필요성을 정당화하는 것은 아니다. 당신이 발견한 선행 연구들의 빈틈은 당신의 연구 주제가 될 수 있을 것이다. 그렇다면 이를 논문에 기술하는 방법에 대해 살펴보자.

선행 연구에서 다루어지지 않은 이 영역을 나의 연구에서 다루고자 한다. 본 연구는 새로운 지식으로써 이 분야에 기여하게 될 것이다. 현재 본 연구의 논의를 뒷받침해 줄 수 있는 연구 자료가 부족하여, 나는 실증적인 지식보다는 믿음이나 가정에 의존하여 작성한 경향이 있다. 나는 본 연구가 학자와 실천가의 전문적인 토론과 논의를 뒷받침할 연구기반 자료로서 활용될 것으로 기대한다.

문헌 검토를 할 때, 당신이 진행하고 있는 연구에 도움이 될 수 있도록 선행 연구를 다음과 같은 방식으로 읽어 보기를 추천한다. 우선, 당신의 연구 분야와 보다 직접적으로 관련성 있는 읽기로 좁혀 나가면서 문헌을 읽을 수 있다. 그리고 당신의 연구와 관련된 모든 측면이 아닌, 당신의 연구와 직접적으로 관련이 있는 선행 연구에 먼저 집중하여 읽는 것이 좋다.

🎯 1인칭 대명사와 능동태

예문에서는 1인칭 대명사(나, 나의)와 능동태('확인되었다'보다 '나는 확인하였다')를 사용하였다. 이는 Lather(1986, 1993)와 Scheurich(1997)와 같은 학자들의 글에서 논의된 타당성이나 진실성과 관련된 문제라고 볼 수 있다. 해석주의적이고 질적인 연구에서 3인칭 대명사와 수동태를 사용하는 것은 객관성의 잘못된 인상을 주는 것이라고 문제를 제기한다. 당신은 해석주의자이자 질적연구자로서 연구를 수행하고 글을 쓰는 방식에 있어서 잘못된 인상을 주고 싶지는 않을 것이다. 학문적인 글을 쓸 때 아마도 1인칭 대명사와 능동태를 선뜻 사용하지 못하고 신중한 선택을 해 왔을 것이다. 아니면 1인칭 대명사와 능동태를 아예 사용하지 않았거나, 이를 당신의 지도교수가 사용하는 것에 대하여 불편하게 여겼을 수도 있다. 당신은 이 지점에서 결정을 내려야 한다. 우리는 당신이 연구자로서 자신을 자리매김하는 방식을 솔직하게 인정하길 바라며, 당신이 1인칭 대명사와 능동태를 사용하길 기대한다.

🎯 문헌 읽기의 시작

당신은 시작점을 찾는 데 있어 혼자가 아니다. 당신의 분야에서 중요한 학자를 알고 있지 않다면, 그 분야에서 주로 활동하고 있는 학자들이 당신에게 별 의미를 지니지 못할 것이다. 우리는 그 분야의 전문가로 여겨지는 사람들을 잘 알지 못하기에, 일반적으로 그 분야를 잘 알고 있는 사람의 조언을 필요로 한다. 지도교수는 당신에게 학술 논문, 연구 출판물, 공개적으로 논의되는 쟁점뿐만 아니라 책이나 책의 장과 같은 형태의 기초적인 자료를 추천해 줄 수 있다. 당신의 지도교수가 그 분야의 유명한 학자라면, 지도교수가 발표한 글 또한 참고하게 될 것이다. 실제로 지도교수의 글을 인용하는 것이 박사학위논문을 작성할 때의 관행 중 하나이며, 이는 당신에게 있어 중요한 고려사항이 된다.

당신이 참고한 논문의 학자는 그 분야의 다른 이들을 언급할 것이다. 당신이 관심을 갖고 있는 쟁점을 다루는 또 다른 학자들이 누가 있는지 알아보기 위하여 참고한 논문의 참고문헌 목록을 모두 읽어 보라. 지도교수의 논문과 그 논문의 참고문헌 목록도 자원으로 활용할 수 있다. 당신의 분야에서 누가 어떠한 주제를 연구하고 있는지에 대해 더 많은 단서를 얻기 위해 당신이 연구하는 분야와 관련된 학술지의 도서 서평을 읽어 보면 된다. 당신은 그 분야에서 이루어지는 논의를 살펴볼 수 있을 것이다. 우리는 정답의 세계에서만 작업하는 것이 아니다. 사람들이 동의하지 않는 경우도 있고, 그렇다고 계속 반대 상태에 머물러 있지도 않는다. 그들의 의견은 움직이고, 패러다임은 변화하며, 고려해 볼 만한 새로운 논점들은 계속해서 생겨난다. 논의를 따라가며 그것이 시기, 시대, 단계에 따라 어떻게 변화하는지 지켜보라. 당신은 그것에 매력을 느낄 뿐만 아니라, 그것을 통해 더 폭넓은 지식을 갖게 될 것이다. 당신의 폭넓은 지식은 논문을 작성할 때, 확신에 찬 서술 방식으로 글을 쓸 수 있도록 도와줄 것이다.

동시에 당신의 지도교수가 제시하는 것만을 읽겠다는 생각은 지양하길 바란다. 도서관의 참고문헌이나 학술지의 데이터베이스에서 키워드 기능을 이용하여 스스로 검색할 필요가 있다. 그리고 지도교수와 함께 당신이 읽어 온 것들을 논의하길 바란다. 지도교수에게 당신이 우연히 발견한 좋은 학술 논문이나 책에 대해 이야기하고, 긍정적인 논의를 이끌어 내기 위해 당신이 발견한 문헌들을 추천하라. 양방향 소통은 일을 훨씬 더 쉽게 만들며, 당신은 우연히 발견한 정말 중요하고도 흥미로운 자료를 추천할 때 자신감이 붙는 것을 느끼게 될 것이다. 모든 책을 다 읽을 필요는 없다. 목차나 색인 항목을 능숙하게 활용할 필요가 있다. 유용한 학술 논문의 초록을 훑기 위해 도서관의 데이터베이스와 인터넷을 활용하길 바란다. 이 모든 작업은 당신이 주도해 나가는 것이라는 사실을 기억하라. 당신은 많은 것을 읽을 수 있지만 그것을 모두 사용하는 것은 아니다. 당신이 읽는 것 중에서 이론적 배경을 작성하기 위해 선택해야 할 것이 무엇인지에 대한 중요한 결정을 내려야 한다.

🎯 글쓰기의 예시

　　다음은 하나의 예시로 어떤 박사학위논문의 이론적 배경과 참고문헌을 요약한 것이다. 이는 당시 해당 논문을 작성한 박사학위 후보자의 동의를 얻어 이 책에 싣게 되었다.

> 첫 문장은 자신의 연구에 관한 일반적인 고려사항 작성하기

　　원격교육(distance education)에 관한 연구는 해당 분야에만 제한되는 경향이 있으며, 나 또한 연구에서 더 폭넓은 시야로 논의를 작성하는 것을 고려하기 전까지는 그러했다. 이 분야의 연구자로서 나의 연구를 알리기 위해 정의와 특징을 다루는 명명법(nomenclature)의 문제를 검토하는 것이 필요하다. Keegan(1990, pp. 3-4)은 원격교육을 "교육적 학술지나 교과서, 교육 철학, 교육 행정 혹은 교훈적 기술의 분석에서 간과되는 것 중 하나"인 "교육 범주의 신데렐라"로, 그리고 심지어는 "가혹한 재정의 시대에 원하지 않는 경쟁자"로 묘사한다. Keegan은 이와 같이 결핍을 "확신을 가지고 다뤄질 수 있는 정치적·재정적·교육적 그리고 사회적 결정에 반하는 기준을 제공"하는 것으로, 원격교육분야의 탄탄한 기초이론의 부재를 반영하는 것으로 볼 수 있다(p. 5). 나 또한 Keegan과 비슷하게 참고 자료의 종류가 편중되어 있음을 느꼈다. 원격교육 분야에서는 활발한 연구 활동을 독려하고 있지만, 대부분의 자료가 학술지 논문과 책의 형태로 되어 있으며, 원격교육 분야의 실천가를 안내하거나 교육 방식의 수용과 설립을 제안하기 위한 저서와 참고문헌은 부재한 실정이다. 과거에는 호주의 정치인 Beazley(1992, p. 5)가 대학교육의 한 과정으로서 원격교육을 사용하는 것에 '반대'하였다. 이는 원격교육의 장점인, 학교 밖의 학생들도 대학생활과 고등교육의 경험을 놓치지 않고 할 수 있게 한다는 의견을 무력화시켰다. Beazley는 "결석생이 수업 내용을 놓친다고 하지만 그것을 입증하기는 어렵다"고 주장하였다.

> 두 번째 문장은 일반적인 고려사항과 자신의 연구와의 관련성 강화시키기

> 주어진 개념에 대해 주요 학자 제시하기

> Keegan 또는 그에 대해 이야기 된 것을 확증하는 문헌에서의 기타 사항 제시하기

그러나 정부는 고등교육의 비용 효율성에 관심을 갖고 있었으며, 학위 취득을 위하여 이와 같은 방식으로 교육과정 중 최소한의 부분을 제공하는 것이 가능하다고 주장하였다(p. 6). 이와 같은 논쟁은 학위과정에 대한 세계화의 가능성을 열어 준다. 최근의 교육적 담론이 가장자리에서 중심으로 나아갈 수 있다는 가능성을 제안하는 것일지도 모른다. Brown과 Brown(1994, p. 31)은 "전자통신 요소를 포함하는 기술과 같이 최근 생겨난 기술이 원격교육을 교육 장면의 선두로

> 그 분야에서 학계의 주요 관점에 대해 언급하기

적절한 곳에서 요약하고, 표현 바꾸기를 하고, 인용하기. 이렇게 다양하게 하는 이유는 인용을 쭉 나열해 놓은 것보다 흥미롭게 읽을 수 있기 때문임. 인용들을 쭉 나열하는 것은 당신이 그 영역의 어떤 측면에서 특히 이해하지 못한 사실을 감추려고 사용되는 것으로 읽힐 수도 있음.

보낼 수 있다는 것"을 주장하며, "최근 생겨난 새로운 기술이 우리가 21세기를 맞이하며 당면하게 되는 교육, 훈련, 재훈련 등의 방대한 작업에 대한 대처 수단이라는 것"이 합의된 사항이라고 하였다. Keegan은 원격교육을 교육 구조의 밖에 있는 학생들에게 온전한 교육 프로그램을 제공할 수 있는 교육 방법으로, 교육적 노력이 일관적이고 명백해질 수 있는 분야라고 하였다(p. 6). Keegan은 '열린교육'과 '원격교육'을 같은 의미의 용어로 사용하지 않았으며, '열린 교육'은 실제로 교육 서비스 전달의 어떤 형태로도 적용이 가능한 행정적인 요소로 간주한다. Keegan은 원격교육에서 거리의 요소를 교사와 학습자의 분리, 즉 전통적인 입장에서 학생과 교사의 면대면 상호작용의 깨어짐과 전자적인 의사소통(유인물, 전화, 원격회의, 오디오, 비디오, 방송, 컴퓨터 등)으로의 대체라고 바라보았다. Peters(1983, 1989)와 같이, Keegan은 최상의 가능한 실제를 안내할 수 있는 탄탄한 이론적 토대를 세우기 위하여 학습과정에서 교사와 학습자의 분리와 관련된 행정 유형, 학생 지원체계, 필요한 기술 매체 등의 원격교육 특유의 다양한 정의를 밝히고자 하였다(p. 44).

다양한 출처의 문헌에서 무엇을 이야기하고 있는지 제시하고, 다시 자신의 연구에 대해 언급하기

이 분야의 저자들은 논의를 위한 특성과 실제를 구별하는 목록을 만들고 발전시키는 경향이 있다. 대다수의 문헌은 이러한 경향을 반영하며, 원격교육이 무엇이고 무엇이 아닌지 혹은 원격교육으로서 고려되어야 할 사항이 무엇이고 고려되지 않아도 되는 사항이 무엇인지에 대한 목록을 보여 주는 실제적 예시에 집중하고 있다. Moore(1993)는 1971년으로 거슬러 올라가 학생들이 겪게 되는 학위과정에서의 RPL이나 선행학습을 인정하는 등의 비현실적인 본질을 지적하며, 이전의 프로그램 전달 방식에 대한 제약, 배제, 특권의 제거를 통한 특징을 기준으로 열린교육과 원격교육의 차이를 밝히며 프로그램의 시작부터 마지막까지의 학업 일정을 수립하였다. 또한 학습-학습자의 배경, 학습자-교수자, 학습자-학습자라는 세 가지 유형의 효과적인 상호작용의 특징을 확립하고, 이를 원격교육에 적용하였다. 그는 형태나 방식에 관계없이 수업의 내용과 학습자 사이의 상호작용을 교육의 '특징 정의하기'로 보았는데, 이는 학습의 중요한 양상으로서 실제로 학습자의 이해를 변화시키는 결과를 가져왔다. 그렇지만 그는 전통적인 교육 형태에서 좀 더 확장된 학습 경험을 제공하는 '학습자-학습자' 상호작용의 가능성이 간과되는 경향이 있다고 하였다. 이에 원격교육 프로그램의 일부인 전자 기반의 학습 집단을 훌륭한 조력자라고 하였으며(p. 200), 상호작용 거리라는 개념을 학생과 교사 사이의 거리를 설명하는 용어로 도입하였다. 그는 Kearsley와 함께 (Moore & Kearsley, 1996, p. 200) 상호작용 거리라는 개념을 학생과 교사

확신을 가지고 일반화하기. 문헌 검토와 관련하여 확신 있는 언급을 할 수 있는 것은 굉장히 많은 양의 문헌을 읽어 보았을 것이기 때문임.

매우 많은 문헌을 읽어서 새로운 어떤 것을 얻지 않는다고 생각할 때, 그리고 기초적인 글은 다른 기초적인 글을 인용하며 계속 작업하고 있다는 것을 깨달을 때, 문헌에 대한 확신 있는 언급을 할 수 있게 됨.

이 분야에 대해 잘 읽어 봄으로써 절대적인 확신을 가지고 진술하기

사이의 거리를 묘사하는 용어로 사용하였는데, 이는 지리적인 거리가 아닌 "교육에 있어서 행동적 변화를 불러일으킬 수 있는 교사와 학생 사이의 심리적 거리"를 의미한다. 이 상호작용 거리는 어떠한 교육적 맥락에서도 존재하지만, 원격교육 환경에서는 행동의 효과가 중요하므로 특별한 조직적 교수 행동이 통제되어야 한다는 것이 매우 중요하다고 강조한다. 그들은 "그 수업이 얼마나 특별한지는 상호작용 거리의 정도에 달려 있다."라고 결론지으며, Holmberg(1986)의 안내된 교훈적 대화의 개념을 부연 설명하였다.

방향을 제시하고 연결시키는 문장 제시하기

Holmberg(1986, p. 2)는 원격교육을 별도의 독립적인 학문 분야로 보았다. 그는 '학생이 계속적이고 즉각적인 교수자의 감독을 받을 수 있는 환경은 아니지만, 계획, 안내, 수업의 시간 조직의 장점이 있는 다양한 학습의 형태'로서의 거리적 요인을 이야기하였다. 그는 분리를 근접해 있지 않음으로 묘사하였다. 그는 이와 같은 비근접성이 개별적인 접촉을 불가능하게 한다고 여기지 않으며, 원격교육에서 개별적 상호작용은 중추적 역할을 한다고 보았다. 그는 교수자와 지원 조직이 학습을 촉진하기 위한 대화의 한 방식인 '안내된 교훈적 대화'를 제공한다면 학생은 교육에 있어 혼자가 아니라고 하였다(p. 4). 그는 자료 제시의 형태가 기존의 교과서와는 달리 덜 공식적이고 구어적인 형태를 바탕으로 하며, 활동을 촉진하고 찬반에 대한 추론과 논의를 함의하고 학생의 개인적인 경험을 관련지음으로써 학생이 사고의 끈을 놓지 않도록 한다고 하였다(p. 5). 그는 우리가 개별적으로 어떤 과정을 이수하면서 독단의 늪에 빠지는 것을 피하고자 하는 경우, 원격교육의 이와 같은 측면이 중요한 역할을 한다는 사례를 제공하였으며(1993, p. 332), 원격교육의 이와 같은 측면을 잘 활용하지 못한다면 "함께 발견과 지적인 경험을 공유"할 수 있는 자주적인 학습자로 발전하기 어려울 수 있다고 하였다(p. 337). 따라서 그는 원격교육 방식이 교육을 계획하고 안내하고 개별교육을 실시하는 교사를 대신하는 체제라고 보며, 이 방식에서 이루어지는 모든 교수 · 학습에 관계되는 양방향 의사소통과정을 강조한다. Garrison(1990, p. 7)은 체제나 조직이 교육을 실시하는 것이 아니며 교사가 가르친다는 것을 상기시키면서 체제를 통한 교수 기능을 강조하는 의견을 경고하였다. 또한 Paul(1990, p. 22)은 원격교육 대학을 "대량생산 체계와 고도의 전문성을 지닌 교수진이 결합된 기관" "교수와 학습에 대한 새로운 기술 적용에 헌신하는 조직"이라고 하였으며, 이로 인해 세계화의 담론뿐만 아니라 산업시대 이후의 사회에 대한 담론의 전용으로 한 발짝 더 나아갈 수 있다고 하였다. 그는 그렇게 함으로써 원격교육 대학을 '지식 사회의 지식 기관'이라고 보았다. 또한 그는 열린교육에

쉽고 논리적인 방식으로 문헌에서 다루어지는 다음 내용으로 이동하기

박사학위후보자는 읽은 것과 알게 된 것만을 말하지는 않음. 물론 그것도 포함되지만 또 다른 부분도 존재. 자신의 연구에 대해 알려 주기 위하여 자신이 읽은 것을 정확히 어떻게 활용할 것인지를 논문 심사자에게 알려 주어야 함.

독자가 계속 몰두할 수 있도록 흥미로운 세부 사항 추가하기

대해서도 언급하였는데, 절대적인 의미에서 열려 있다는 의미보다는 체계의 상대적인 개방성을 적용할 수 있는 '규정하기 어려운 용어'라고 하며, 실질적이기보다는 이상적인 교육 방식이라고 하였다. 그의 개인적인 교육 철학은 (대중교육 체계에 있는 20세기 실천가들에게 친숙한) 전통적인 교육 담론에 토대를 두고 있다. 그는 교육이 더 나은 삶과 더 나은 세상의 발전에 중심이 있으며, 삶과 자신에 대한 발견의 연속적인 과정이라고 보았다. 형식적인 교육체계의 목표는 능동적인 활동을 통해 자기주도적이고 독립적인 학습자가 되도록 돕는 것이다. 진정한 학습은 한 사람이 변화·발전하는 것과 그 사람이 지니고 있는 자아실현의 욕구로 보았으며, 배우고 가르치는 방법이 다양한 것처럼 사람들이 각각의 지식과 과업을 배우는 방식도 다양함을 주장하였다. 위에서 언급한 학자들의 원격교육에 대한 주장은 이 연구에 중요한 안내 자원으로 사용되겠지만, 내가 가장 중점을 두는 것은 Paul(1990)의 마지막 요점이다. 이는 어쩌면 20세기 후반의 교육 신조가 될지도 모른다. 여기에서 그가 이야기하고 있는 것은 단순히 원거리 방식이나 교육의 특정 부분에 적용되는 것이 아니라 교육 전반에 관한 사항이다. 더불어 그는 과정으로서의 지식과 재화로서의 지식 간 차이에 대한 핵심 요점을 논의하였는데, 이 요점은 내가 세계화 맥락에 대한 논의를 펼칠 때 절대적으로 중점을 두고 있는 것이다.

> 자신의 연구와 관련된 문헌에서 제시되는 내용을 유지하는 관점 나타내기

> 자신의 연구 분야에서 세계화 이론에 대한 논의로 이끌어 가기 위해 인용 사용하기

> 계속적으로 자신의 생각을 명확히 유지하며 진술 결론짓기

내 연구는 원격교육과 원격학습자가 무엇인지를 살펴보고, 예로서 ○○대학교의 교육 활동에 대한 정책 지침과 그로 인해 발생한 변화가 무엇인지에 대하여 설명한 문헌들의 공통된 내용을 제시하며, 그 가정이 얼마나 적합한지를 살펴보는 방향으로 연구를 진행하고자 한다.

🎯 '글쓰기의 예시'에 대한 해설

일단 자신의 연구와 관련된 문헌에 대하여 바꿔 표현하기, 인용하기, 주석달기가 익숙해지고 나면 그것을 계속 유지해 나가는 것이 관건이다. 각 문헌들에 대하여 간단한 요약문을 제시하는 경우가 있다. 요점을 이야기할 때 특정한 단어가 꼭 필요한 것이 아니라면 그 말을 그대로 따오는 것보다는 바꿔 표현하는 것이 필요하다. 누구든지 인용구를 나열할 수는 있다. 인용하는 것이 문제가 되는 것은 아니지만, 인용을

할 때에는 모든 출처와 인용구들을 정확하게 제시할 필요가 있다. 진정한 글쓰기의 기술은 참고한 문헌의 각각에 대해 해석과 평가를 하는 것이다. 일반적으로 각 읽기 자료에 대한 함의(쟁점, 문제, 의문점, 사회적인 것, 정치적인 것, 문화적인 것 등)를 설명하 더라도 그것을 목록으로 제시하는 것을 지양하길 바란다. 다양한 관점을 보여 줄 수 있는 요점이 있는 문단으로 재구성하길 추천한다. 가장 중요한 것은 문헌을 읽음으 로써 자신의 연구에 대한 문제들을 어떻게 이해할 수 있었는지를 설명하는 것이다. 당신은 문헌이 연구 설계과정에서의 쟁점, 의문점, 문제, 장단점 등에 대해 어떻게 생 각하도록 도와주었는지를 명확하게 제시해야 한다.

문헌 검토자로서의 입장을 유지하면서, 당신의 글쓰기가 설명적인 글쓰기 스타일 에 그치지 않도록 조심해야 할 필요가 있다. 글의 처음, 중간, 마지막에 이르기까지 당신의 글쓰기 방식으로 일련의 진술을 하게 될 것이다. 이는 항상 문헌 검토의 요점 으로 되돌려 주며, 심사위원에게 당신의 방식으로 문헌을 인용한 이유에 대하여 지속 적으로 상기시켜 줌으로써 이론적 배경을 작성할 수 있게 해 준다. 당신이 문헌의 특 정 부분을 인용하고자 할 때, 연구 주제와 관련하여 왜 그것을 인용하고자 하는지 스 스로 답을 구하는 것이 필수적이다.

🎯 문헌의 인용

문헌 속에서의 긴장이라는 것은 당신이 자신의 연구를 뒷받침하는 문헌만을 이용 하지 않을 것임을 의미한다. 왜냐하면 당신의 연구 영역에 대한 논쟁 중에는 고려할 만한 반대 의견도 존재하기 때문이다. 만약 당신이 '나는 이 문제에 대하여 다른 사람 들이 어떻게 생각해 왔는지를 보여 주기 위해 이들을 인용한다. 하지만 내가 연구 질 문에 접근하고 있는 방식에 관한 연구는 전무하였다.'와 같은 문장을 쓰게 된다면, 이 내용을 뒷받침할 수 있는 문헌들을 덧붙일 필요가 있다.

만약 당신이, '나는 내가 탐독해 온 문헌들을 보여 주기 위해 이들을 인용하고 있으 며, 나의 지도교수는 내가 얼마나 폭넓게 읽었는지를 보고 감명을 받을 것이다.'와 같은 문장을 작성하였다면, 당장 삭제하기 바란다. 이러한 문장은 연구와 관련이 없기 때문이다. 조금은 과시하고 싶을 만큼 많은 문헌을 읽었기 때문에 이렇게 쓰고 싶은 유혹이 있을지도 모르겠으나, 그것은 당신이 정말로 피해야 할 유혹이다. 오직 당신의 논문과 관련이 있는 문헌만을 선택하여야 하며, 자신이 읽은 모든 것을 이론적 배경에 적지 못하는 것을 아쉬워 하지 않길 바란다. 이론적 배경에 인용할 문헌들은 당신의 글에 어떻게 관련되는지를 보여 주기 위해서 인용해야 한다.

🎯 이론적 배경의 내용

우리는 당신이 읽은 것들을 목록으로 만드는 것만으로는 충분하지 않다는 것을 살펴보았으며, 범주별로 자료를 분류하여 구성하는 방법에 대하여 생각해 볼 필요가 있다. 이론적 배경에는 역사적인 배경, 고전적인 글귀, 현재의 주류와 대안적 이론이나 이상적 관점뿐만 아니라 서로 다른 이론상의 가정, 서로 다른 정치적 견해, 다양한 갈등과 주제(실증적, 철학적, 역사적, 포스트모더니즘 등)에 대하여 가능한 접근방법, 사용되는 정의, 최근 연구, 현재 그 주제에 대한 연구 결과, 요구되는 주요 질문, 도출되는 일반적인 결론, 사용된 방법론과 연구방법에 관련된 내용 등이 포함된다. 이는 각 내용이 개별적으로 그리고 순서대로 다루어지는 주석 달린 참고문헌과 같지는 않을 것이다. 저자로서의 종합적인 글쓰기 기술은 여기서 발휘될 것이다.

🎯 시제

당신이 과거 시제뿐만 아니라 현재 시제도 사용한다면, 특히 논문과 같은 거대한 문서 작업을 시작할 때는 약간 복잡해질 수 있다. 몇몇 학자는 과거 시제를 사용하여 30년 이상이 된 글들을 언급하고, 30년 이하의 어느 것이든 현재 시제를 사용하여 언급하는 관행을 따른다. 우리의 경험상, 사람들은 누군가의 글에 대하여 쓸 때 언제 과거 시제로 써야 하는지, 언제 현재 시제로 써야 하는지에 대한 작성 규칙을 기억하지 못한다는 것이다. 우리는 당신이 일관되게 현재 시제로 쓸 것을 조언한다. 일상적인 대화에서도 우리는 '성경에서 말하기를'과 같이 현재 시제로 말한다. 성경이 매우 오래되었지만 여전히 현재 시제로 언급되고 있다는 것이다. 당신의 이론적 배경에서 현재 시제를 사용한다면 이 문제는 더욱 쉽게 해결될 수 있다(역자 주: 시제와 관련해서는 정해진 정답이 있는 것은 아니다. 이미 게재되거나 출판된 문헌을 사용하는 경우 과거 시제를 사용하여 언급하기도 한다).

🎯 유용한 소프트웨어 활용하기

당신이 도서 목록 소프트웨어를 일찍이 숙달했다면, 참고문헌 자료(만약 노트 기능을 사용한다면 노트까지도)를 입력하는 습관을 지니길 추천한다. 이는 당신의 작업시간을 절약시켜 줄 것이다. 또한 당신이 소셜 미디어를 이용한다면 거기서 유용한 정보를 찾을 수도 있다. 특별히 유용한 문헌에 대해서 물어보기 위해 사용할 만한 유용한 리스트서브, 블로그, 페이스북, 트위터 그리고 그 밖의 수많은 사이트가 있다.

🎯 표현상의 유의점

- 이론적 배경에서 당신은 어떤 것을 **말하는, 진술하는, 주장하는** 저자를 일관되게 언급하게 될 것이다.
- 당신의 연구와 관련된 문헌으로부터 특별한 특징이나 역할을 언급하기 위하여 **'본 연구를 설명하기 위하여'** '~라는 주장을 뒷받침하기 위해' **'연구 설계를 구성하기 위하여'**와 같은 문구를 사용할 것이다.

사용되지 않는 단어

당신은 글쓰기 과정에서 일부 단어가 너무 반복적으로 사용되어 이를 다른 단어로 바꾸어 써 보려고 시도할 수 있다. 당신의 글에서 그 단어들이 남용된다고 느껴지더라도 이는 문제가 되지 않는다. 당신은 다음과 같은 단어들을 사용하려는 유혹에 맞서야 한다.

- 이야기하다: 주장을 표현하거나 제안하기 위한 책이나 장 혹은 학술 논문에서, 사람들은 정말 사소한 것을 말할 때 '이야기한다'라는 단어를 사용한다. 그것은 당신이 원하는 의미가 아니다. 그 단어를 사용하지 않기를 바란다.
- 단정하다: 우리는 무엇을 근거 없이 그냥 단정하지 않는다. 즉, 생각이나 제안과 같은 것을 단정한다. 그래서 예를 들어, 'Smith 등이 ~와 같은 개념으로 단정하였다.'와 같이 표현해야 할 필요가 있다. 'Smith 등이 ~로 단정하였다.'는 표현은 잘못된 표현이며, 이와 같이 쓰지 않기를 바란다.
- 가정한다: 우리는 질적연구에서 가설이라는 표현을 사용하지 않기 때문에, 당신의 연구에서 이 단어를 제외시키길 바란다. '언급하다' '진술하다' '주장하다'로 사용하기를 추천한다.

🎯 추천도서

당신의 주제와 관련한 다양한 책이 있고, 우리가 지금까지 목록으로 만든 여러 소책자와 지침서는 이론적 배경이라는 장을 포함하고 있을 것이다. 당신의 분야에서 이론적 배경을 다루는 논문 목록을 찾기 위해 조사한다면 소수의 매우 전문적인 출판물을 찾을 수 있다.

- Cooper(1989)의 『Intergrating Research: A Guide for Literature Reviews』는 오

래된 출판물이지만 좋은 자료이다.

- Hart(2001)의 『Doing a Literature Search: A Comprehensive Guide for the Social Sciences』는 사용할 만한 문헌의 출처를 알아보기 위한 포괄적이고 실용적인 접근법을 제시하고 있다.
- Ridley(2012)의 『The Literature Review: A Step-by/Step Guide for Students』는 Hart의 것과 유사한 접근으로 가장 사용하기 쉬운 형태로 쓰였다.

결론

당신은 앞으로 몇 년 동안 매우 많은 자료를 읽게 될 것이다. 이론적 배경은 당신과 당신의 연구에 대해 많은 것을 설명하며, 그 모든 것은 중요하다. 그 외에도 당신은 방법론, 연구방법, 기법, 자료분석 등의 영역에 관한 문헌을 검색하고 읽게 될 것이다. 당신은 이러한 문헌들을 통해서도 많은 것을 이끌어 내겠지만, 이론적 배경에서 제시하는 방식과는 동일하지 않을 것이다.

유용한 정보 4

당신은 이론적 배경에 사용할 수 있는 것보다 훨씬 더 많은 것을 읽게 될 것이다. 당신이 연구자로서 논문 작업을 위해 다른 연구들의 서론을 살펴보기 시작할 때, 당신은 학술대회나 학술지의 논문을 매우 유용하게 참고할 수 있을 것이다. 또한 당신은 전문적인 학술지의 논문 모집(당신이 사용하는 방법론이나 연구방법을 사용하는), 학술지의 특별호를 위한 원고 모집, 편집 학술서를 위한 장(chapter) 모집, 그리고 당신의 연구를 발표할 수 있는 해당 분야의 특정 학술대회 등에 참여할 수 있을 것이다(12단계 '학위논문의 출판' 참조).

방법론

이 단계에 들어섰다면, 당신은 철학박사(Doctor of Philosophy)라는 표현에서 철학이라는 단어를 떠올리게 될 것이다. 방법론의 methodology는 그리스어 metá(~로, ~후)와 hódos(방법)가 결합된 methodos(본디 더듬어 가는 길), 그리고 lógos (이유, 설명, 추정)에 기반을 두고 있다. 이에 비추어 보면, 연구방법론은 연구를 수행하는 특정한 방법을 알리는 근거 또는 연구 활동의 구성을 알리는 원리로 이해할 수 있다. 방법론은 philosophy(철학, 그리스어로 philos는 '지혜의 체계')와 ideology(이데올로기, 그리스어로 ideo는 '생각의 결합'이며, idea는 '의견, 관점, 신념')를 포함하는 것으로, 안내를 위한 원리체계의 개념을 의미한다. 연구자들은 방법론을 자신을 안내하는 개념적 밑받침 혹은 가정으로 언급한다. 방법론은 연구를 통해 지식을 생산하는 이론이고, 연구자가 나아가야 할 방향에 대한 이유를 제공한다.

흔히 방법론은 연구 실행을 뒷받침하는 논리적 가정을 의미한다. 여기에서 제시되는 방법론이라는 용어는 연구 수행을 안내하기 위한 철학적 뒷받침을 의미한다. 방법론에 관한 장에서는 당신의 연구가 기반으로 하는 이론이 가장 먼저 제시되어야 하고, 그리고 당신이 그것을 잘 이해하였음을 보여 주어야 하며, 당신이 하고 있는 연구에 그 이론이 어떻게 적용되었는지를 보여 주어야 할 것이다. 당신이 이해한 것을 심사위원에게 보여 주기 위해서 그 내용을 매우 자세하고 주체적으로 작성하게 될 것이다. 이 장을 작성할 때, 당신은 연구방법론에 관한 문헌을 살펴보게 된다. 또한 당신은 이러한 문헌을 재진술 및 인용하게 될 것이며, 방법론에 대한 문헌들이 지지하는 방법론을 사용해야만 할 것이다. 선행 연구들이 지지하지 않는 방법론을 주장하는 것은 단순한 우기기이며, 심사위원이나 독자를 설득할 수 없다.

🎯 방법론 시작하기

당신이 어떠한 방법론을 사용할 것인가를 결정하는 것은 당신이 밝히고자 하는 연구 문제, 당신이 하는 연구의 형태, 당신이 사용하는 분석의 방법, 자료를 통한 당신의 추론, 지적 권리에 대한 당신의 주장에 영향을 미치기 때문에 매우 중요하다. 아직까지 방법론에 대한 연구자 간의 보편적인 동의가 존재하지 않는데, 연구자들이 동일한 사건이나 이슈에 대해 종종 다른 관점을 지니고 있으며, 동일한 단어나 혹은 유사한 개념을 다르게 해석하는 것은 그리 놀라운 일이 아니다. 이 단계는 **연구**(research) 그리고 **방법론**(methodology)과 같은 개념들을 심사위원 또는 독자에게 이해시킬 수 있는 다양한 단계 중 하나라는 것이다. 당신의 지도교수를 포함한 모든 연구자가 당신이 사용한 방법론에 필연적으로 동의하는 것은 아니다.

방법론적 방향에 대한 이해는 당신이 학문적 논쟁에 참여할 수 있도록 한다. 이는 당신이 연구 문제를 상식적인 접근 이상으로 발전시킬 수 있도록 돕고, 보다 깊고 개념적인 수준에서 읽고, 쓰고, 생각하고, 실행할 수 있도록 한다. 또한 동료 연구자들은 당신이 복잡한 방법론적 쟁점들을 이해함으로써 모든 연구 접근법을 이해하고 그 가치에 대해 공감할 수 있기를 기대한다.

방법론을 선택할 때에는 심사숙고하여 연구 수행에 가장 적합한 것을 선택하여야 한다. 방법론은 당신이 아닌 당신의 연구에 적용하는 것임을 주목할 필요가 있다. 만약 당신이 방법론으로 상징적 상호작용론을 사용한다고 해서, 그것이 당신을 상징적 상호작용론자로 나타내 주는 것은 아니다. 이는 논문이 당신에 대한 것이 아니라, 당신의 연구에 대한 것이기 때문이다. 당신의 방법론은 필연적으로 자료의 수집, 해석 방법을 결정하는 데에 영향을 미칠 것이며, 연구자로서 당신의 관점이 될 것이며, 당신이 내리는 결론을 뒷받침할 연구의 근거가 된다. 당신의 존재론적이고 인식론적인 관점은 당신의 방법론인 이론에 의해 제시될 것이다.

논란이 없는 정답과 같은 방법론은 없다는 것을 기억하는 것이 중요하다. 이 책에서 우리는 연구자들이 연구하기 위해 사용하는 많은 접근법에 대하여 자세하게 논의하지는 않을 것이다. 하지만 당신이 방법론을 이해할 수 있도록 도울 만한 몇 가지 접근법에 대하여 간단히 소개하고자 한다.

후기 구조주의적 접근은 말에서 사용된 언어를 분석하여 담론을 구성하는 방법에 대해 고심한 학자들에 의해 이루어졌다. 우리는 그들을 비판이론가라고 부른다. 비판이론가들은 가장 강력한 사회적·경제적·정치적 영향을 이끌었던 마르크스주의를 이끌었다. 페미니스트들은 이러한 접근법 중의 어떤 것이든 사용할 수 있으나, 여성에 중점을 두어 연구를 수행한다. 당신에게 가장 적합한 방법론은 당신의 연구 문제를 가장 잘 설명할 수 있는 방법론을 의미한다. 어떤 방법론이 다른 방법론에 비해 더 우세하거나 열등하지는 않다. 이는 연구자가 자신의 연구에 무엇이 가장 적절한지를 결정하는 것에 대한 문제이다.

후기 구조주의

당신이 살펴본 몇 가지의 자료에서 후기 구조주의(poststructuralism)와 포스트모더니즘(postmodernism)이라는 용어가 혼용되는 경향이 있다고 생각할지 모르지만, 이 두 가지는 구분하여 사용해야 하는 다른 개념이다. 우리가 생각하는 포스트모더니즘은 20세기 후반부터 현재까지 모든 세계의 미술, 건축, 저술, 디자인 등에 관련되는 한 시대의 이념이다. 지적이고 학문적인 추구, 포스트모던 세계의 철학적이고 이론적인 이슈와 연관된 사상, 우리는 이를 후기 구조주의로 설명하고 있다. 예술가들은 아마 포스트모더니스트일 것이고, 포스트모던적 감각으로 가능한 철학이나 이론을 적용한 박사 후보자들은 후기 구조주의자일 것이다. 이 둘의 구분에 대하여 학술적인 논쟁이 있지만, 당신의 연구 문제가 이러한 논쟁을 구체적으로 설명하는 것이 아니라면, 학자들이 이야기하는 수준을 넘어서 깊게 논의할 필요는 없다. 이러한 측면에서 우리는 포스트모더니즘에 대하여 더 이상 언급하지 않을 것이다.

후기 구조주의는 물질 세계를 해석에 따라 끊임없이 흘러가는 가변적인 구조들로 이루어진 것으로 보며, 이는 우연적인 것이 아니라고 본다. 이는 암묵적이고 당연시되는 이데올로기적 편견을 제거함으로써 객관적으로 알 수 있는 세계의 착취를 다룬다. 후기 구조주의자의 접근은 위장된 모순을 찾아내는 것을 의미하며, 이러한 위장은 이데올로기에 의해 감추어져 있다. 후기 구조주의는 이와 같은 토대에서 연구가 진행되므로, 기존에는 드러나지 않고 침묵해 왔던 목소리들을 수면 위로 끌어올려 공개한다. 사용되는 언어는 구체적인 **담론(discourses)**으로 제시된다. 우리는 Foucault, Derrida, 그리고 Lyotard의 연구에 주목하는데, 이들은 후기 구조주의가 형성된 이후 초기의 문헌을 작성한 학자들이다. 이들 외에도 많은 학자가 있으며, 당신은 관련 문헌들을 살펴봄으로써 그들을 만날 수 있다.

담론

담론(discources)의 개념은 후기 구조주의자의 연구에 필수적이다. 담론은 단순히 말이나 글이 아닌, 사회 자체를 구성하는 사회적 실재이다. 인간은 하나의 통일된 사회적 이론을 만들어 내거나 객관적 실재를 말할 수는 없지만, 담론을 통해 그들의 사회적인 실재를 구성한다. 담론은 말할 수 있는 사람뿐만 아니라, 이야기되어지거나 생각되어질 수 있는 대상, 시간 혹은 장소 그리고 어떤 권한을 가지는 것까지도 나타낸다. 이러한 점에서 매우 익숙하고, 좋고, 진실로 공평하다는 생각을 하도록 강요하여 우리 사회에는 권력 관계가 뿌리내리고 있다고 볼 수 있다. 이러한 사회적 맥락은 후기 구조주의 입장에서 서술하는 연구자에게 심오한 암시를 줄 수 있는데, 담론은 국가 권력 앞에 온순한 시민들을 만들기 위해 고안된 과정의 일부라고 할 수 있다. 권력의 작용을 수면 위로 드러내는 것은 권력의 메커니즘에 도전하게 한다. 억압받고 소외된 사람들에게 전달되는 지식은 제도적인 실재에 대한 변화와 개혁이라는 기반 위에서 사회적인 변화를 이끌기 위해 고안되고, 이는 나아가 인류의 향상을 위해 나타나게 된다.

이데올로기

물론 다른 방법론도 마찬가지이지만 후기 구조주의를 설명하는 데 필수적인 개념이 바로 이데올로기(ideology)이다. 이데올로기는 세계를 바라보는 특정 방식, 그리고 사회−정치적 체계의 통제 내에서 세계에 대한 관심을 나타내는 방식들을 이야기한다. 자본주의자들의 이데올로기에서는 시장 경제에서의 이익을 위해 그들이 팔거나 거래하는 물건이나 서비스의 생산 방법에 대한 공적 소유권보다는 사적 소유권을 확실히 하기 위하여 자본에 대한 관심으로 세계를 구조화한다. 이 이데올로기를 따르는 사람들이 모두 생산에 대한 사적 소유자인 것은 아니다. 이러한 체계를 통해 임금을 받는 노동자도 여기에 해당된다. 자본주의자 이데올로기는 세계를 생산, 이익, 손해가 이루어지는 하나의 큰 시장으로 구성한다. 사회주의자 이데올로기는 노동자들의 경제적인 이득으로 세계를 구성하는데, 이 생산과 이득은 사적인 부보다는 사회적인 부를 생산한다. 이데올로기는 해당 관념에 영향을 받아 결합된 삶의 계급, 경제 그리고 이와 연관된 삶의 방법들을 구성한다. 이데올로기와 이론 간의 차이점은 이데올로기는 어떤 증거에 의해 필수적으로 지지되지 않는 신념에 기반을 둔다는 것이다. 예를 들어, 교육 또는 건강 관리에 관한 신념은 이데올로기적 입장을 기반으로 한다. 반면에, 이론은 연구 공동체에서 일반적으로 받아들여지는 실증적 근거를 기반으로 한다. 미래에는 현재의 이데올로기가 이론으로써 연구 질문에 관한 증거를 제공할 수도 있으며, 그때는 이것이 수용되어 연구에 활용될 수 있다.

다중 관점

관찰 가능한 행동은 다중적인 관점을 통해서 인간에 의해 그리고 인간을 위해 형성된다. 인간의 행동을 완전히 이해하기 원하는 연구자들은 그것을 뒷받침하는 사회적 법칙에 대하여 살펴볼 것이다. 또한 이는 사회적 장면에 연구자를 위치시키며, 인간 행동을 지배하는 규칙을 조정하는 사회적 행위자로서 연구자를 위치시킨다. 이러한 점에서 우리는 사람들의 인식과 세계 속에서 일어나는 매일의 경험을 탐구하기 위해 해석주의자적인 입장을 취하는데, 이러한 세계는 상호작용하는 사회적 행위자들에 의해 지속적으로 사용되고 수정되면서도 대개 공동의 지식(mutual knowledge)에 기반을 둔다. 연구자는 의식적으로 조작되지 않는 매일의 생활에서 이를 반복적이고 당연한 것으로 받아들이고 비반성적인 태도에서 그들의 행위와 타인의 행위를 설명하게 되지만, 후기 구조주의자적인 연구 과정과 절차는 의미와 해석을 의식적으로 구성한다. 여기에서는 연구자가 의미를 발견하기 위해 반성적 태도로 의미와 해석을 구성하여 반영하는 절차를 소개한다. 연구에서 참여자들이 제공하는 서술은 연구자에 의해 분석될 때 자료가 될 수 있는데, 이러한 자료는 연구자가 구성하는 것으로, 기술적 서술(technical descriptions)이라고 한다.

🎯 비판이론가

비판이론에 근거하여 연구가 이루어지는 것은 대부분 20세기의 현상이며, 세계에서 첫 번째로 공산주의 국가를 만들어 낸 1917년 러시아 혁명의 사회적 격변에 뿌리를 두고 있다. 또 다른 사회적 혁명은 1776년 이후 미국에서의 첫 번째 민주국가 건설이다. 이러한 시대적 맥락에서 당시에 이 두 사건은 정말 극적이고 급진적인 정치적 상황을 만들어 냈다. 두 국가 모두 다른 국가에 유사한 정치적 구조들을 만들어 냈으며, 전 세계 교육자들의 사고에 큰 영향을 미쳤다. 이런 맥락에서 비판(critical)이라는 용어는 부정적인 개념을 말하는 것이 아니며, 특정한 현상에 대한 공개된 평가의 하나이다. 여기에서 비판은 실제적인 고려 없이 받아들여지거나 당연한 것으로 인정되는 것들에 대한 대안적인 해답이나 생각을 키워 줄 수 있는 특정 질문의 형태를 지니고 있는 것이다.

정치적 행위로서의 연구

비판이론은 사회적 질문을 정치적 행위로 본다. 여기에서는 글(text)보다는 담론 (discourse)에 중점을 둔다. Habermas(1979)와 매우 밀접하게 관련되어 있는 비판이 론가들은 비판되고 재평가된 사회적 경험을 통한 억압으로부터의 해방을 목적으로 하는 해방운동이론의 발달에 기반을 둔다. 비판이론가들의 목표는 인간 삶의 질을 향상시키는 것이지, 단지 그 삶의 밑바탕을 이해한다거나, 얻어진 지식의 기초에서 그것을 통제한다거나, 사회적 통제의 결과들을 예측하는 것이 아니다. 그들은 그 자 체가 목적인 지식은 타당성이 없다는 입장을 가지며, 오직 사회적 · 해방적 행동으로 변환될 때만 의미가 있다고 본다. 비판이론가들은 가치 중립적인 연구 패러다임을 시도하지 않는데, 이는 그들이 유지하기에 불가능한 입장일 뿐만 아니라, 그들의 이 데올로기, 가치, 신뢰 등을 통하여 그들의 실재를 변화시키는 것(특히, 평등의 이슈와 관련하여)에 중점을 두기 때문이다.

비판이론은 지속적으로 질문을 제기하는데, 이러한 질문은 보다 정의로운 사회를 구현하고, 개선된 삶의 기회를 제공한다. 지속적인 질문의 과정은 그들이 살아가고 있는 진정한 삶에 관해 진정한 사람들의 진정한 문제를 나타낼 수 있는 질문을 통한 대화적 과정으로, 해답을 만들어 낼 수 있는 관점하에 질문이 이루어진다. 다양한 기 관이 중립적으로 보이기 위해 다양한 시도를 함에도 불구하고, 사회 구조는 절대 그 렇지 않다는 것을 인식한다. 비판이론은 사회적으로 구성된 조직들을 특정한 집단의 이익을 다루는 것으로 구성하며, 그 조직들은 사회에서 그들의 위치를 향상시킬 수 있는 기회들로부터 다른 사람들을 소외시킨다고 본다. 비판이론은 사회에서 최소 권 력에 대한 관심, 그리고 의식과 비판의 향상으로써 삶을 개선한다는 것에 중점을 둔다.

🎯 페미니스트

페미니즘은 여성이 당연시하며 받아들여서 아무도 의문을 제기하지 않는 사회적 주제, 즉 남성에 의해 구성된 사회적 세계를 당연한 것으로 받아들이는 것과 관련된 주제를 다룬다. 페미니즘은 남성의 관점에서 세계를 바라보는 존재론적 입장에 대한 저항이고, 여성의 경험을 극도로 왜곡하고 생략하는 남성 중심의 관점에 대한 저항이다. 페미니스트들의 논지는 인간의 경험을 남성의 경험에만 근거한다면, 남성에 의해 이해된 남성적 경험으로서의 부분적인 지식이 될 것이고, 결국 인간의 사회적 삶과 사고를 왜곡하게 된다는 것이다(Weedon, 1988). 이러한 연구들로부터 생성된 지식은 현재의 이해와 행동을 변화시키는 데에 유효하다. 이는 무엇이 실재를 구성하는지, 무엇이 사회 세계의 자연적인 상태로 받아들여지는지에 대한 질문들로부터 진행되며, 변화를 가능하게 하는 힘을 실어 준다.

Foucault, Derrida, Lyotard

후기 구조주의적 접근은 Foucault, Derrida, Lyotard와 같은 프랑스 학자들에 의한 비판이론가의 접근과 유사하다고 알려져 있다. 그들은 권력-지식 관계의 가능성 탐색과 같은 담론들에 접근하고, 권력과 지식을 이분법적으로 보지 않는다. 왜냐하면 후기 구조주의는 권력과 지식의 상호관계성에 초점을 두기 때문이다. 이들의 목적은 사회적 관계 구조에서의 권력 관계 및 소외된 지식체계(그리고 사회적 권력 관계의 일부)의 기여를 밝히는 것이다. 지식은 절대적이거나 상대적인 용어로 존재하지 않고, 몰가치성으로부터 떨어져 있으며, 주요한 집단의 이익을 추구하기 위해 형성된 힘에 의해 왜곡된다. 프랑스 후기 구조주의자들은 이와 같은 것에 초점을 둔다. 권력 관계는 주관성을 설명하고 만들어 내는 담론, 언어 내에 있다. 예를 들면, feminine (여성스러운)과 feminist(페미니스트)의 두 단어의 끝에서 보이는 서로 다른 표현은 이것이 억압을 나타냄과 동시에 권한을 부여할 수 있다. 그들이 중점을 두어 사고하는 것은 권력-지식의 결합이며, 이는 지식이 곧 권력이고 권력이 곧 지식이라는 의미를 지닌다.

후기 구조주의 연구자들은 담론의 당연시되는 측면들을 그들의 관점을 통해 밝힐 수 있을 것이고, 권력 및 권력 관계에 대한 이해에 도전하고자 한다. 특히 인종, 성, 계급, 혹은 다른 소수 집단 등의 지위나 인식에 따른 구조화에 관한 모든 사회적 환경은 후기 구조주의자들에게 장점을 제공한다.

🎯 재건주의

재건주의(reconstructionism)는 일반적으로 교육, 특히 교육과정에 적용되는 이론적인 관점을 제공한다. 이는 주어진 사회 현상에 대한 도전이며, 도전은 사회에서 삶의 향상을 깨닫기 위한 것이다. 재건주의는 개발도상국의 교육에 대한 접근에 토대가 되는데, 개발도상국에서는 교육이 누구나 익숙하게 접할 수 있는 것이 아니라고 본다. 이는 교육의 혜택이 사회의 나머지로 흐를 것이라고 가정하며, 여기에서 교육적 혜택은 시민들의 교육 욕구와 바람직한 태도를 포함한다. 또한 재건주의는 사회공학(social engineering)에 크게 중점을 둔다. 재건주의자가 된다는 것은 재생산과는 다른 의미를 지닌다. 재건주의자가 된다는 것은 교육과정을 변형시킴으로써 교육에 변화를 가져온다는 것이다. 이를 통하여 재건주의는 교육체계를 과거 혹은 현존하는 것들보다 더 발전된 정치적·경제적·사회적 질서를 형성하는 도구로 본다. 새롭게 형성된 사회적 질서는 사회적 관심에 기초할 것이고, 엘리트의 양성과 비엘리트의 조직적인 쇠퇴보다는 민주주의적 체제를 유지하기 위한 경제적인 구조를 지니게 될 것이다. 그러나 학교는 단지 사람들을 가르치기 위해 사용되는 사회적인 도구가 아니다. 재건주의자의 관점에서는 극장과 영화 제작, 홍보 및 언론 캠페인, 문학의 장르 등이 지역사회 교육 프로그램을 위한 수단으로 다루어지게 된다.

사회적 관점

재건주의는 사회에 문제가 있다고 가정하며, 사회적 부당함이나 불평등과 같은 문제들을 알아내고자 한다. 영국 수상 Blair(2001)는 "우리의 가장 우선순위는 교육이었으며, 지금도 교육이고 앞으로도 항상 교육일 것이다."라고 하였으며, 이는 국가의 선을 위한 교육의 중요성에 대한 생각을 잘 드러내고 있다. 교육은 사회의 문제들을 알아내고 개선하기 위해 요구되는 기술과 지식을 가르치고 배우기 위해 설계된 전반적인 체계이며, 교사는 변화와 개혁의 촉진자이고, 학생들은 사회를 개혁하고 재건하기 위해 배운다. 교실 밖에는 길거리의 폭력 조직, 건강 서비스, 아동 및 청년의 문해력, 상담과 같은 교육 서비스에 이용될 수 있는 전체의 세계가 있으며, 연구자들은 그에 초점을 두기 위해 재건주의적 관점을 사용한다.

🎯 현상학

현상학(phenomenology)은 사람들이 현상들의 세계와 상호작용하는 방식 자체에 관심을 둔다. 여기서 현상은 행위일 수도 있으며, 활동일 수도 있고, 관계일 수도 있고, 경험적 대상일 수도 있다. 어떠한 현상에 어떻게든 관련되어 있는 개인 또는 일상에서 그 현상을 경험하는 개인은 무엇인가를 이야기하지 않는다 하더라도 그 현상이나 경험에 의미를 부여한다. Van Manen(1990)은 아는 것은 단지 인지적인 행동 이상의 것임을 지적하였는데, 인간은 세계와 뗄레야 뗄 수 없는 연관성을 지니고 있고, 이것이 인간에게 의미하는 것을 통해 앎의 상태가 된다는 것이다. '생활 세계'로 묘사되는 것은 살아온 경험들과 그것의 회상으로 만들어지는 것이며, 이는 살아온 경험으로서 타당화되고 살아온 경험을 타당화하는 '물음의 순환 타당화하기'를 생성한다. 사람들의 생활 세계에는 네 가지 구성 요소가 있다. 이는 살아온 시간, 살아온 자신, 살아온 공간, 살아온 다른 것들이며, 순서와 선형은 정해져 있지 않다. 이 네 개의 세계에는 중첩되는 부분이 있을 것이나, 이는 살아온 경험의 부분이 된다. 살아온 경험은 그냥 경험과는 다르다. 경험은 사람에게 그냥 일어난 것이지만, 살아온 경험은 살아온 삶에 대한 특정한 의미를 부여하기 위한 개인의 반영이라고 할 수 있다. 연구자의 역할은 그 반영에 접근하는 것이며, 이는 면담, 일기 그리고 개인적인 묘사들의 분석을 통해 가능하다.

글로서의 인간 경험

현상학에서는 글을 인간의 경험을 아우르는 지식을 생성하는 도구로 본다. 현상학자들은 글쓰기를 할 때에 독자의 관점에서 시작하고자 한다. 즉, 글들이 사회적으로 구조화되었는지 알아보고 자신의 글과 해석이 올바른 것인지에 대한 질문을 항상 염두에 둔다. 인간 경험의 즉각적인 현상은 연구자가 자기이해 수준을 향상시키고 암시하기 위해 관찰 가능한 것을 넘어서 인간 경험의 맥락에 닿을 것을 요구한다. 이는 모든 질적연구의 주관성에서 당연시되는 것이지만, 특히 현상학에서는 연구자와 연구 참여자의 지평을 넓히기 위해 질문을 이끌어 내면서 인간 경험과 인간 이해의 뒤섞인 본성을 강조하고 있다. 그들이 **연구 대상자**가 아닌 **연구 참여자**라는 것을 아는 것이 중요하다.

🎯 상징적 상호작용론

상징적 상호작용론(symbolic interactionism)은 사람들의 행동과 관점을 이해하는 이론적 구조를 제공하며, 연구자는 인간의 상호작용 과정에 대한 설명을 제공한다. 연구자는 개인이 그들의 환경에 부여하는 의미를 토대로 인간의 행동을 살펴본다. 즉, 그들이 그들의 세계에 부여하는 중요한 상징을 해석한다. 상징은 해석의 과정에서 단어들로 표현되는 것으로, 인간의 반응을 자극하는 것들이다. 이 해석의 과정에서, 개인이 상호작용할 때 상징으로서의 의미들은 계속적으로 수정되고 반영된다. 상징적 상호작용론은 더 넓은 사회 구조보다 개인의 행동에 초점을 두는 것으로, 상징적 상호작용론의 중심 축은 자신의 행동과 의미의 구성자로서의 개인이 지니고 있는 개념이다. 개인들은 자신의 사회적 실재와 세계에 대한 관점을 주변 환경과의 상호작용과 사회문화적 관계에서의 반응들을 통해 구조화한다. 상징적 상호작용론은 개인의 삶의 주기에 영향을 미치는 사회화 경험들을 분석할 수 있는 기회를 제공한다. 개인은 특정 자극에 자동적으로 반응하는 것이 아니라 그들의 구조적 과정들을 통해 반응하기에, 그들의 행동 및 의미를 정의 내리기 위해 상징을 사용해야 하며, 그렇게 함으로써 상징은 가치와 믿음을 얻는다.

지식 생성하기

경험적 세계는 일상 경험들의 세계가 되며, 상징적 상호작용에서 사회적 실제 및 인간 행동은 기호적으로 개념화되고, 의사소통되고, 구조 및 내용 모두에서 주관적이다. 상징적 상호작용론은 사람들이 그들의 세계를 어떻게 이해하는지에 대한 이해와 맥락의 다양성에서 그들 개인의 삶을 발달시켜 온 관점을 제공하고자 하는 연구자들이 사용하는 것이다. 그들은 그들이 타인과 상호작용할 때 그들 자신의 사회적 실제로부터 그들 자신의 행동과 의미를 구성하는 사람이 된다. 상징적 상호작용론은 언어, 몸짓, 사물을 기반으로 한 의미 있는 상징에 관한 모습들의 개념을 토대로 하기에, 발전을 위하여 항상 새로운 방법과 개념을 향해 열려 있다. 상징적 상호작용론 하면 떠오르는 것에는 문학, 예술, 드라마 등이 있다.

🎯 방법론 선택하기

다양한 이론 간 차이에 대해 설명할 필요는 없지만, 당신이 연구자로서 받아들이는 방법론에 대한 인식을 보여 줄 필요는 있다. 예를 들어, Habermas의 저작을 읽고 난 뒤, 당신은 Foucault가 담론을 다뤄 온 방식을 선택한 이유를 이야기하는 것이다. 어떠한 것에 대해 다른 하나가 더 뛰어나다거나 열등하다고 판단하지는 않기를 바란다. 그냥 어떤 한 가지가 다른 것보다 연구 문제에 접근하는 방식에 더욱 적합하다는 것에 대해서 이야기해야 한다. 예를 들어, 방법론에 관한 문헌에서 마르크스주의(Marxism) 이론이 이전부터 대부분의 연구자가 사용해 온 개념적 도구로 제시된다고 하더라도, 탈식민주의(postcolonial) 이론이 당신의 연구에 더욱 유용한 개념적인 도구가 될 수도 있다. 이와 같은 이유로 마르크스주의에 기반을 둔 방법론에 대해 상세한 비평을 할 필요는 없으나, 당신이 선택한 접근법이 제시될 때, 다른 이론을 나타내는 방법론이 당신의 연구 목적과 더 맞는지 아닌지에 대하여 설명할 수 있어야 한다. 또한 당신은 방법론에 대한 광범위한 읽기과정을 통해 그것을 사용하지 않기로 결정한 것에 대한 타당한 이유를 제시하며 명시할 수 있어야 한다. 이를 통해 당신이 읽어온 많은 것이 버려지지는 않을 것이므로 보람을 느낄 수 있을 것이다. 이는 당신이 이 영역에서 읽을 만한 거의 모든 문헌을 읽은 것과 관련하여 당신이 얼마나 많이 아는지를 보여줄 수 있는 방법이다. 당신이 여기서 사용할 수 있는 종류의 문장은 다음과 같다.

마르크스주의에 대한 관심은 나의 연구 영역에 적합한 편이지만, 이 영역의 문헌은 나의 연구 문제를 밝히기에는 부족함이 있다. 왜냐하면……

이와 같은 관점의 중요성에 대하여 인정하지만, 나는 그 문제에 대하여 저자 B의 접근에 관한 저자 A의 관점과 유사한 걱정을 지니고 있다. 그래서 나는 그것을 나의 연구방법론으로 사용하지 않을 것이다. 왜냐하면……

담론과 담론적 실제의 개념은 나의 연구 설계를 소개하는 데 있어서 가장 중요하지만, 이 연구에서는 비판이론의 의식 증진 차원을 차용하지 않고자 한다. 왜냐하면……

방법론 문헌의 특정 부분을 언급하며: Scheurich(1997)는 "나는 올바르게 푸코를 해석한 적하지 않을 것이다. 하지만 나는 그의 저서를 반복적으로 탐독하여 이 논문에서 검토되는 담론을 해결하거나 완화시킬 수 있는 사회적·교육적 문제들에 대한 새로운 방식의 사고를 발전시켰다."(p. 94)라고 언급하였다.

아래는 국제적으로 최고 논문상에 선정되었던 논문의 일부이다. 이 연구는 후기 구조주의를 바탕으로 서술되었으며, 특히 Foucault의 입장을 토대로 표현되었다.

🎯 글쓰기의 예시

나는 담론을 검토하는 것뿐만 아니라, 이러한 담론들 속 개인의 위치를 알아보는 것 또한 중요하다는 것을 우리가 어떻게 알게 되는지에 대한 이해를 구하고자 하였다. 이를 위하여, 나는 담론에 관계된 권력 관계의 분석을 이론화하는 후기 구조주의를 바탕으로 서술하였다. 이는 Foucault(1980)의 '진실의 체제(regimes of truth)'로부터 도출된 논의를 바탕으로 하였는데, 여기서 그는 담론이 어떠한 것은 보이게 만들고 어떤 것은 보이지 않게 만들고, 어떤 것은 진리로 만들고 어떤 것은 거짓으로 만들면서 우리의 인식, 우리의 앎의 방식을 조직한다고 하였다. 개인은 사회의 담론적 실제(discursive practices)를 배움으로써 다양한 방식으로 자기 자신을 그러한 실제에 위치시키며, 그 실제에 동의하는 입장이든 반대하는 입장이든 두 가지 모두의 주체를 발전시킨다. 이는 우리의 주체가 우리를 구성한다 하더라도 우리가 능동적으로 주체 위치를 만들어 감으로써 우리가 된다는 것을 의미한다. 이와 같이 우리가 사용하는 담론들 사이에서만 오직 우리 자신을 구성할 수 있다. 그러나 의미가 고정된 것은 아니기 때문에 주체 위치의 이용 가능성은 항상 유동적인 상태이다. 사회가 담론적 실제를 통해 만들어지는 것이라면, 우리가 이러한 실제들의 힘을 보는 것이 가능할 것이며, 사회 세계를 창조하고 지속하는 것뿐만 아니라 특정 담론의 거부와 새로운 것의 생성을 통해 그 세계를 어떻게 바꿀 수 있는지도 볼 수 있을 것이다. 이와 같이 후기 구조주의자들은 담론의 분석을 통해 사람과 사회 세계의 관계에 대한 이해를 발전시킬 수 있으며(Davies, 1989), 이는 사회 변화를 개념화하는 데 중요한 함의를 가진다.

후기 구조주의자들의 이론에서는 사용한 담론으로부터 개인이 구성된다. 개인은 특정 담론에 반대하는 자신의 입장과 보편적인 담론에 영향을 받아 자신의 주체를 구성할 수 있는 특권을 지니고 있다. …… Foucault(1980, p. 93)는 지식과 힘이 불가분적으로 연결되어 있다고 하였다. …… 이 담론은 힘과 지식 간의 결합이라고 볼 수 있다.

담론은 제도화된 말하기의 특정 방식 그리고 사람들과 그들의 행동의 구성 요소의 방식으로 정의된다(Davies & Harre, 1991/1992). 담론은 통합과 배제를 통해

여백 주석:

권력과 담론에 관계된 것과 같이 이론에 관련된 자신의 위치를 확립하기

주요한 자료로서 Foucault와 '진실의 체제'를 소개하기

주요 개념 소개하기야 담론을 통한 주체와 그들의 구조

담론을 통해 사회 세계가 지속되는 방식에 대한 이해를 설명하기

언어, 지식, 권력 간의 관계를 논의하기

담론들의 효과 표준화의 개념들을 연관시키기

구성되며, 말해질 수 있는 것뿐만 아니라 말해질 수 없는 것에 의해서도 구성된다. 개인이나 집단의 말하기 방식들은 보편성에 의해 통합되거나 제외된 기능을 사용한다고 볼 수 있다. 즉, 담론적 실제는 사람들이 그들 자신을 구성하거나 타인으로부터 구성되는 방식이다(Davies & Harre, 1991/1992). 담론적 실제는 세계의 다른 측면들, 특히 본질의 구성 요소를 구성하는 방식을 포함한다. 주체는 우리 자신들, 그리고 행동에 대해 우리가 생각하는 방식으로 언급된다. 즉, 이전부터 존재하고 있었고 우리가 중요하다고 생각하는 담론과 실제를 나타낸다. 우리 주체는 담론 및 실제의 산물이며, 담론적 실제는 보편성을 통해 만들어진 주체의 결과이다. 지배적인 담론으로 인해 사회 주변부 집단이 생기게 하는 것이 보편성이라고 한다면, 이러한 담론들이 '경찰'의 규제로 인해 강요된 것이 아니라 사회적 주류가 보편적인 담론들을 꾀하고, 조종하고, 부추기는 것이라고 논의해 왔다.

Foucault(1984, p. 44)는 인간 본성에 대한 고정관념과 비판적 인식 간의 긴장에 주목하였다. Foucault는 인간 본성에 대한 고정관념을 거부하는데, 인간의 본성을 개인의 보편성과 균질화의 실제 중 하나로 보기 때문이다. Foucault에 의하면, 이는 개인의 자유에 반하는 '진실'의 생산을 통한 개인들의 보편화와 균질화를 위한 시도라고 할 수 있다. 그래서 정의, 합리, 평등에 대한 대서사의 사용은 '자유로운' 포스트모던 자체에 대항하는 작업이라고 간주될 수 있다. …… 보편화 전략을 인정하지 않는 Foucault의 제안이 매력적으로 느껴졌지만, 이것을 실제적으로 가능하게 할 수 있는 방법을 확인할 수는 없었다. Foucault의 제안이 실제를 보편화시키는 것을 피하기 위한 '이상적이고 좋은' 아이디어일지는 모르나, 우리 사회의 담론적 실제와 제도에서 뿌리를 내리는 것이 실제적 영역에서 이루어질 수 없다는 것을 의미할지도 모른다. 만약 우리가 학교나 교회 같은 기관들을 피할지라도, 우리는 다른 형태의 제도들로부터 자유로울 수 없다. 우리는 가족으로 태어났고, 공동체에서 자라 왔으며, 전 생애 동안 이 지구에서 다른 구성원들과 함께 살아가야 한다. 나의 질문은 제도화된 행동 형태의 관계들을 피하기 위해 노력해야 할지의 여부가 아니라, 보편화된 행동들이 미치는 영향을 비평하여 당연시되는 진리에 질문을 던질 수 있게 미래 세대들을 가르칠 수 있을지의 여부이다.

담론적 실제 정의하고 설명하기

핵심 내용을 요약하고 다음에 논의될 개념 제시하기

담론으로부터 구성되고 담론을 구성하는 것으로서의 주체 및 주체 위치를 논의하기

문제인 '진실의 체제'로 돌아가기

명확하게 표현된 이론에 개인적인 응답하기

다른 개념을 설명하기 이전에, 개인적·학자적 연관성 유지하기

🎯'글쓰기의 예시'에 대한 해설

이 논문은 전반적으로는 후기 구조주의에 분명한 연관성을 가지고, 특별히 Foucault를 인용함으로써 방법론의 논의를 시작하였다. 그는 그 자체로 설명하기는 어려운 **진실**이 있음을 고려하는 것이 부적절하다는 것에 대한 논의를 구성하면서 **진실의 체제(regimes of truth)**와 같은 중요한 개념들을 소개하였고, 이를 언급하며 이 장을 마무리했다. 담론, 주체, 언어와 권력과 지식 간의 관계, 보편화 등의 기타 핵심 개념을 논의하면서 개인적인 연구자로서의 위치가 어떻게 작용하는지, 그리고 이것이 특정 문제를 어떻게 이끌어 내는지 보여 주었다. 여기에서의 관점은 이러한 논의가 단지 추상적 개념에 대한 추상적 논의가 아니며, 매우 구체적인 것에 관한 추상적인 개념의 논의라는 것이다. 연구자가 연구에서 사용하는 이론적인 자료는 실제적인 연관성에 대한 실제적인 증거가 된다.

🎯표현상의 유의점

존재론, 인식론, 방법론과 같은 용어들은 하나의 간단명료한 정의로 함축되기 어렵다. 달리 이야기하면, 사람이나 정의(설명, 추측, 논의의 주체가 될 수 있는 용어의 예)와 같은 일상적 용어와는 달리, 인식론에 대하여 단 세 줄 정도로 명확한 정의를 내리는 것은 불가능할 것이다. 당신은 이에 대한 논의를 논문 안에서 조금 더 자세하게 기술할 필요가 있다.

- 나는 방법론의 선택과정에서 Mathews(1989)가 제안한 이론의 상대적 이용 가능성을 채택하였다. Mathews는 연구 질문과 연구의 방향에 따라 특정 이론이 다른 이론보다 더욱 적합하게 적용 가능하다고 하였다.
- 만약 우리가 환경을 포함한 세계의 사회적 측면들을 이해하고 그 이해를 중진시킬 도구로서 관련된 방법론을 적용한다면 비실증주의 과학을 발전시키는 것이

가능할 것이라고 주장한다.

- (후기 구조주의, 현상학, 상징적 상호작용론 등과 관련된 단어들을 여기에 적기)는 이 연구를 뒷받침하기 위한 강력한 도구로, 나는 연구의 설계와 생성된 자료들의 분석을 안내하기 위해 이 방법론을 선택했다.

- 담론은 연구자로 하여금 언어체계와 주체가 지닌 이론과 사상의 틀을 가시적으로 드러날 수 있도록 하며, 나는 연구 질문을 탐구하기 위해 담론을 강력한 도구로 사용하였다.

- 나는 연구를 시작하면서 내가 이용 가능한 다양한 방법론을 검토했으며, 후기 구조주의 이론이 _____와 _____ 사이의 불평등한 권력 관계에 관련된 쟁점들을 탐색하기 위한 도구들 및 앎의 방식을 제공해 줄 있으며, 또한 특정한 _____ 사이의 권력 관계들을 탐구하는 방법을 제공해 줄 수 있다고 판단하였다.

- 나는 담론의 개념을 개인에 의해 구성되고 동시에 개인을 구성하는 것으로 정의하였으며, 이는 _____의 담론을 재구조화하고 해체하기 위한 도구로서 사용되었다.

- 후기 구조주의 이론은 누가 권력을 행사하는지, 권력 행사의 실제적 결과는 무엇인지, 개개인이 얻게 된 공통의 구조는 무엇인지를 탐구하는 도구를 제공하였다.

사용되지 않는 단어

- **확언하다**: 이는 지지되는 증거나 자료 없이 주장하는 억지를 의미한다. 우리는 억지를 가지고 주장하는 것이 아니기 때문에 사용하지 않는 것이 좋다.

- **믿다**: 이는 억지보다도 더 좋지 않은 단어이다. 믿음은 사실을 기반으로 하지 않는다. 당신의 연구에서 이 단어를 실제하는 것을 추천한다.

- **사실 혹은 진실**: 우리는 진실과 같은 종류의 것을 알아보는 것이 아니다. 만약 당신이 후기 구조주의자적 관점을 취하고 있다면, 진실에 대하여 충분히 의문을 품을 수 있다. **진실**이 당신 연구의 특색이라는 제안을 제거하기 위해 **진실의 체**

제(regimes of truth) 개념을 논해야 한다.

- 인류(mankind), 그/그를(he/him), 중요한(seminal): 이는 성차별적 의미를 담고 있을 수 있기에 사용을 지양해야 한다. 인류(humankind), 그들(they/them), 중요한(germinal) 등을 사용하길 권한다. 성차별적 의미를 담고 있는 단어들의 사용을 지양해야 한다는 것을 알면서도 이를 인용할 수도 있고 원문 표기를 사용할 수도 있다. 그러나 이는 당신과 심사위원들에게 탐탁지 않을 수 있기에, 그런 원문을 논문에 처음 인용할 때 예를 제시하거나 다음과 같이 주석을 달 수 있다. "나는 성차별적 단어를 권장하는 것은 아니지만, 원문을 그대로 인용하기 위하여 원문 표기를 하였다. 나는 원문 인용에 앞서 단어 사용의 부적절함을 인정한다."

🎯 추천도서

연구방법론에 대한 소책자와 안내서들은 당신이 이 분야에 대해 보다 명확히 이해하는 데 도움을 줄 것이다.

- Thomas Kuhn(1970)의 『The Structure of Scientific Revolutions』는 당신이 연구를 진행하기 위한 학문적 사례들을 만드는 데에 유용한 기존 연구 패러다임에 대한 비평을 제공한다.
- Habermas, Weedon, Foucault, Derrida, 그리고 Lyotard의 책들은 당신이 논문의 방법론 부분을 작성하는 데에 필독서들이다.
- Denzin(1992)의 『Symbolic Interactionism and Cultural Studies』는 이 주제에 대한 매우 참고할 만한 책이다.
- 당신이 현상학적 연구에 관심을 둔다면 Max van Manen의 자료들을 가장 많이 사용하게 될 것이다.
- 이 단계에서 우리가 가장 빈번하게 참고한 책은 Denzin과 Lincoln(2000)의

『Handbook of Qualitative Research』이다. 이는 다양한 방법론에 대한 자세하고 구체적인 논의들을 모아 놓은 저서이다.

🎯 결론

이론적 배경의 장처럼, 방법론 장에 대한 작성을 완료하였다는 것은 두 가지 의미를 지니고 있다. 이는 당신이 선택한 방법론에 대하여 철저하게 이해하고 있고, 이 방법론이 당신의 연구와 어떻게 연관되어 있는지, 이 방법론을 선택한 이유는 무엇인지를 제시한다는 의미를 지니고 있다. 당신이 방법론 장을 작성할 때, 당신의 연구는 더욱 큰 틀 위에 세워질 것이며, 당신은 연구의 정체성을 확립할 것이고, 일관성 있는 연구 설계로 발전시킬 것이며, 당신의 분야에서 신뢰도를 세울 수 있을 것이다.

당신은 이 장을 작성할 때 당신의 연구 질문에 대한 참고문헌으로 시작해서 당신의 연구 질문에 대한 참고문헌으로 마무리하게 될 것이며, 이 장의 각 문단에서 관계성의 방향을 제시할 것이다. 만약 당신의 연구와 관련되지 않은 방법론에 대한 내용이 있다면, 이는 당신의 연구를 뒷받침하는 데에 도움이 되지 않기 때문에 당신은 이를 삭제해야 한다. 또한 당신이 선택한 방법론이 아무런 문제 없이 온전하게 지지될 수 있다는 것을 확신하기 위해 참고문헌과 함께 고통스러운 시간을 보냈을 것이다. 다른 문헌에 의해 지지되지 않는 주장은 억지이며, 다시 말하지만 이는 당신이 논문을 작성하는 데에 전혀 필요가 없는 주장이다.

방법론 장을 작성할 때에는 주의해야 할 것이 있다. 여기에는 방법론적인 문제들에 의해 지적으로 쇠약해지거나 그 안에서 길을 잃을 수도 있는 위험이 있다. 논란이 전혀 없는 방법론은 없으며, 방법론에 있어 최종적인 답은 없다는 것을 기억하기 바란다. 연구 수행을 위한 시간이 제한적인 박사학위 후보자로서, 당신의 목적은 당신이 선택한 방법론을 학자적 방식으로 지지할 수 있는 타당한 방법론적 논쟁에 대한 지식을 갖추는 것이다. 이와 같은 논쟁 및 공격을 피하기 위한 하나의 방법은 당신이 사용하는 단어들에서 일관성을 지니는 것이다.

- 방법론적 혹은 이론적 **접근**
- 존재론적 혹은 인식론적 **입장**
- 사례연구/담론분석/인류학적 (등) **방법**
- 인터뷰/포커스그룹/문서분석 (등) **기법**

🖊 유용한 정보 5

'유용한 정보 2'에서 언급했듯이, 이제 당신은 참고문헌 소프트웨어를 사용하는 방법을 알고, 그것으로 참고문헌을 정리할 수 있을 것이다. 당신의 워드프로세서 프로그램에서 (혹은 대학에서 제공되는 것을 사용해서) 학위논문 양식을 다운받으라. 쪽번호는 없고 로마 숫자 및 아라비아 숫자로 된 영역을 위한 토대 작업이다. 이 양식을 당신의 작업에 곧바로 적용한다면 논문을 작성하는 시간을 절약할 수 있는 것이다. 이것은 당신의 논문 제출 시점처럼 가장 필요한 시기에 큰 도움을 줄 것이다.

06단계

연구방법

새내기 연구자나 학위청구논문 심사 신청서 제출자는 방법론과 연구방법을 같은 것으로 오해하는 경향이 있다. 이 두 가지를 명확히 이해하고 구별하여 사용하는 방법은 학위논문을 작성할 때 그 안에 **방법론**(methodology)과 **연구방법**(method)이라는 장을 각각 작성하는 것이다. 방법론은 사례연구나 문화기술지 등 당신이 사용하는 연구방법의 **근거가 된다**는 것을 기억하길 바란다. 또한 연구방법이라는 장에 조사나 면담 등을 통한 구체적인 방법을 담은 **기법**(technique) 부분을 포함하는 것은 유용하다. 방법론과 연구방법, 기법의 개념을 구분하여 이해하면 연구에 관한 각각의 부분에 초점을 맞추는 데에 도움이 될 것이다.

학자들은 방법론과 특정 연구방법에 대해 의도적으로 논쟁하고자 할 것이고, 이는 새내기 연구자에게 혼란을 줄 수 있다. Yin(2014)이 사례연구 방법에 대해 논쟁했던 것처럼, 이와 같은 논쟁은 연구자가 사용하고 있는 연구방법에 대한 이해를 향상시키기 위한 것이다. 이와 같은 논쟁은 종종 연구방법에 관한 깊은 통찰을 가져오기 때문에, 논쟁을 통해 나온 생각들은 버리지 말아야 한다. 하지만 이러한 논쟁에 대한 내용을 논문에 작성할 필요는 없다. 당신은 연구에 사용하기 위한 연구방법을 공부하면서 당신이 논쟁에서 깨달은 바를 심사위원에게 알리면 된다. 이러한 방법은 당신의 논문에서 방법론과 연구방법의 차별성을 유지할 수 있게 해 줄 것이다.

연구방법 시작하기

당신은 연구방법을 선택해야 할 것이다. 연구방법은 연구를 수행하는 방식이나 방법 등을 포함한다. 자료를 수집하는 방법은 연구 참여자의 이야기 듣기, 관찰하기, 문서 자료 수집하기의 세 개의 범주 중 하나가 될 것이다. 즉, 사회적 현상을 탐구하는 방법은 이 세 가지이다. 후기 구조주의의 접근을 취하는 연구자는 해체이론이나 담론분석 등의 방법을 선택하여 수집한 자료를 분석할 것이다. 방법론적으로 현상학을 사용하는 연구자는 자료를 도출하기 위하여 현장의 현상 분석, 역사적 분석, 참여관찰, 심층면담, 대화분석 등을 연구방법으로 사용할 것이다. 상징적 상호작용주의는 자료를 분석하고 도출하기 위해 대화나 텍스트 분석, 확장분석, 변증법적 분석 등의 방법을 사용할 것이다. 당신의 연구 설계를 자세하게 들여다보면 방법들이 중복되어 함께 사용될 수 있다는 것을 발견할 것이고, 연구방법과 관련된 문헌들을 근거로 당신의 결정에 대해 학문적인 논증을 할 것이다.

적용할 수 있는 연구방법

연구자들은 사례연구, 문화기술지, 문서분석, 담론분석, 내러티브 탐구 등 자주 적용되는 일반적인 몇몇 연구방법에 관심을 두고 있다. 이 연구방법들은 방법론과 마찬가지로 어떤 것은 우수하고 어떤 것은 열등하다는 것의 문제가 아니라 연구자의 연구에 대한 연구방법으로서의 적절성에 대한 고민이 필요한 문제이다. 이론적 배경(4단계)과 방법론(5단계)에서 언급했듯이, 당신은 두 마리의 토끼를 잡아야 한다. 이는 당신이 사용한 연구방법이 연구와 어떻게 연관되는지를 보여 줌으로써 연구방법을 철저하게 이해하고 있다는 것을 보여 준다. 그리고 논문 작성에 있어서 나아가고자 하는 방향을 제시하여 심사위원이 관여하도록 할 수 있다.

🎯 연구방법 선택하기

연구방법은 방법론의 영향을 크게 받으며, 당신은 논문에서 학술적인 주장을 펼칠 때 연구방법이 방법론과 어떻게 일치하는지 보여 주어야 한다. 항상 그렇듯이 핵심은 연구방법이 연구자의 연구와 어떻게 관련되어 있는가이다. 방법론이 특정 연구방법을 꼭 사용해야 한다거나 사용하지 못하게 제한하는 것은 아니지만, 후기 구조주의적 접근을 선택한 연구자는 Foucault의 이론에 관심을 기울일 것이고, 분석을 할 때 사례연구보다는 담론형성 방법을 사용할 것이다. 현상학과 상징적 상호작용주의적 접근을 선택한 연구자는 사례연구 방법을 사용할 것이고, 같은 이유에서 문화기술지나 내러티브 탐구 등을 선택할 수도 있다.

사례연구

사례연구(case study)는 질적연구자들이 흔히 사용하는 연구방법이다. 왜냐하면 사례연구는 현장의 독특한 사례에 초점을 맞추는 해석학적 방법론과 일치하기 때문이다. Hakim(1987)은 사례연구를 "어떠한 설명이나 생각을 시험하기 위해 실제 삶의 맥락 내에서 선택된 사회적 요소들을 실험적으로 분리시키는 것"(p. 61)이라고 하며, 가치가 잠재된 표본을 현미경 위에 올려놓고 집중하여 관찰하는 것에 비유했다. Stake (1995a, 1995b)는 사례연구의 특징으로, 범위가 한정된 연구의 "풍부한 묘사(rich descriptions)"를 위해 사용할 수 있는 방법이라고 하였다(p. 2). 이처럼 범위가 한정된 연구를 실시할 때, 연구 질문과 관련하여 수집한 자료를 극대화할 수 있도록 당신은 자료를 세심하게 훑어보고 그 특징을 범주화하게 된다. 또한 현상학이나 상징적 상호작용주의를 선택한 경우에도 일반적으로 사례연구 방법이 권장된다. 후기 구조주의는 담화와 담론 형성에 초점을 두기 때문에, 후기 구조주의를 선택한 경우에는 사례연구 방법이 추천되지 않는다.

담론형성

후기 구조주의 접근법을 취하는 연구자는 자신의 연구에 사례연구 방법을 적용하기보다는 담론형성의 방법을 적용하고자 할 것이다. 담론형성(discursive formation)은 맥락이나 상황에 내재된 제한적 요소들을 제외한 담론적 구조와 연구 참여자들의 주관적인 경험들로 구성된 네트워크라고 할 수 있다. 담론형성은 (권력 및 지식으로 인한) 담화와 상호관계성을 밝혀낼 수 있다. 다양한 담화의 네트워크와 주관적인 경험의 구조화를 위한 현상의 가능성들은 풍부한 조사와 분석을 할 수 있게 해 준다. 담론형성은 사회적 의식을 끌어내는 통로이자 연구자가 관심을 두고 있는 사회적 문제를 이끌어 내기 좋은 방법이다. 담론형성을 통하여 경제, 규범, 법, 관습, 당연시되는 것들에 대한 문제들을 세심하게 탐구하여 정리할 수 있다. 이는 사례연구와 같이 범위나 연구 대상을 한정하여 심도 있게 파고드는 것은 아니지만, 현장의 담화들을 한 가닥 한 가닥 엮은 것을 토대로 사회적 문제를 세밀하게 탐구하는 방법이다.

문화기술지

문화기술지(ethnography)는 문자 그대로 **사람에 대하여 기술하는 것**이다. 폭넓게 이야기하자면, 이는 어떤 사회문화적 활동과 양식을 지닌 집단을 기술하기 위한 목적을 지니고 수행되는 연구방법이다. 문화기술지의 주요 목적은 그 집단 구성원들의 경험에 대한 견해를 토대로 은연중에 비춰졌던 집단 문화와 같은 삶의 또 다른 방식을 이해하는 데 있다. 문화기술지는 대상이나 행동에 초점을 맞추고 묘사하는 연구와는 거리가 있다. 그것은 연구자가 그 집단의 일부가 되어 그들이 사는 것처럼 살면서 그 행동에 대한 결과를 관찰하는 참여관찰의 방법을 사용한다. 이는 문화의 전반을 연구하는 것을 의미하는 것뿐만 아니라, 문화를 이루고 있는 특정 유형과 부분에 대해 연구하는 것을 의미한다. 예를 들면, 서양의 자본주의 문화를 지니고 있는 조직이나 기업의 문화를 연구하기 위하여 그 조직이 사용하는 상징, 미신, 관례 등으로 살펴볼 수 있는 보이지 않는 것들(가치, 믿음, 잠재된 것, 상식으로 여겨지는 것)을 밝혀내는 것이다.

문화기술지는 질문들을 토대로 수행하는데, 이 질문들은 연구자가 현장 관찰을 통해 더 많은 질문들로 발전시켜 나갈 수 있다. 연구방법으로 문화기술지를 사용하는 연구자들은 문화 형성의 토대가 되는 관례와 절차(예: 과거부터 쌓여 온 지식, 일상, 방침 등)에 대한 질문과 답변을 계속 생각해야 한다. 질문을 발전시키기 위하여 다양한 연구 참여자를 참여시켜 그들의 사회질서, 이해, 업무 관계를 밝힐 수 있다. 연구자는 문화 속으로 들어가 특정한 관점을 통해 관찰하고, 원래 주어진 것이 아닌 사회적 관계에서 도출된 의미와 해석에 토대를 두고 연구를 작성한다. 또한 구성원들의 정체성은 무엇이 **되어 가는**(becoming) 과정이고, 고정된 것이 아니라 진행 중이기 때문에 변화할 수 있다는 것을 이해하고 있어야 한다. 이와 같은 과정을 통해 정체성은 사회적으로 구성된 것이고, 하나의 의미만을 지니고 있는 정체성은 없다는 것(한 여자가 동시에 아내, 엄마, 여동생, 이모가 되고, 한 남자가 동시에 남편, 아빠, 남동생, 삼촌이 되는 것처럼)을 이해해야 한다. 연구자는 사회에서 요구되는 다양하고 대립되는 이들의 역할을 기반으로 연구를 수행하게 된다.

문서분석

문서분석(document analysis)은 담론분석으로 수행될 수 있다. 즉, 사회적 현실을 구성하고 이루는 담론으로서의 문서를 분석한다. 예를 들면, 미국 독립선언문은 '행복 추구'에 관한 미국인의 권리뿐만이 아닌 인간의 권리가 명시되어 있는 유명한 정치적 문서이다. 이는 혁명적인 정치 변화인 계몽운동의 혁명적 지적 사조라고 볼 수 있으며, 이 문서를 분석함으로써 우리는 이전에 보지 못했던 미국 시민의 사회적 현실을 보게 된다. 이와 같이 연구자는 그 문서가 만들어지고, 시행되며, 궁극적으로 평가되는 맥락의 전체성을 고려하여 문서분석을 할 수 있다.

문서에는 정책 보고서, 칙령, 법적 서류, 법령, 사설, 신문이나 잡지 기사, 연구 보고서, 화물선의 선하증권 등이 포함될 수 있다. 연구자는 이 문서들의 생성된 시기와 실행된 시기 등에 대해 분석할 것이다. 만약 오랜 기간에 걸쳐 생성된 문서를 분석한다면, 연구자는 시간의 흐름에 따른 태도, 믿음, 행동 등의 변화를 살펴볼 것이고, 정책적 토대와 조직적 요구의 발달과 현 위치를 분석할 것이다.

담론분석

담론분석(discourse analysis)을 사용하는 연구들은 '말이 모든 것을 다 포함할 수는 없다.'는 원칙에 토대를 두고 있다. 이는 진술 자체가 지니고 있는 제한점을 강조하는 말이다. 침묵 또한 말을 한 것으로 간주되기도 하고, 침묵이 내포하고 있는 의미가 무엇인지를 연구할 수도 있다.

"말하는 사람은 누구인가, 그렇게 하도록 권한을 부여한 사람은 누구인가, 그렇게 할 자격이 있는 사람은 누구인가, 그 사람이 한 말이 진실이라는 것을 어떻게 알 수 있는가(Foucault, 1973, p. 50)"와 같은 질문과 관련해 말해진 것과 감추어진 것으로 담화를 나누어 볼 수 있다. 이 질문들은 사회의 권력 관계에 직접적으로 관련된 질문들이다. 연구자들은 연구 수행 시, 다양한 가능성들을 뛰어넘을 수 있는 특정 담론의 특권화나 전경화를 수립한다. 따라서 연구자들은 교회, 법정, 대학, 의료센터, 학교 등에 관하여 담론분석을 할 때, 더 많은 것을 고려해야 할 필요가 있다.

내러티브 탐구

전통적으로 내러티브는 연구 목적 이외에도 삶에 대한 이야기나 문학의 전유물이라고 할 수 있다. 이와 같은 전통적인 입장에도 불구하고 질적연구자들은 내러티브를 활용한 연구의 가능성에 관심이 높아지고 있다. 내러티브 탐구(narrative inquiry)는 현상에 대해 서로 다른 방식으로 이야기하는 연구들을 지원하기 위해 새로운 방식으로 생각하라고 제안한다. 내러티브 탐구는 사회적 세계를 검토하는 관점을 제공하고, 사회적 이해를 통해 새로운 방법으로 해석된 자료를 도출할 수 있으며, 사실상 연구자가 만들어 낸 자료를 색다르게 나타내는 것을 가능하게 한다. 그것은 개인의 표현과 이해의 다양성을 인정하며, 개인의 이야기를 가치 있게 여기기 때문에 질적연구자들에게 의미가 있다고 할 수 있다. 내러티브 탐구가 지니고 있는 이와 같은 특성은 우리가 정확한 분석을 하기 위해 하나의 목소리로 함축하여 표현할 수 없는 지식을 생산할 수 있도록 한다.

타당성과 진실성

질적연구의 질을 보장하는 것에 대한 관심이 높아지고 있으며, 이는 타당성에 대한 질문으로 논의될 수 있다. Lather(1993)와 Scheurich(1997)는 질적연구자가 연구에서 타당성의 문제를 해결할 수 있는 방법을 제시하였다. Lather는 "진리 체계(regime of truth)"(p. 674)로서의 타당성을 제안하였으나, 이는 실증주의적인 방식으로 해석주의 패러다임의 공격을 받았다. 이는 타당성에 대한 쟁점이 해결되지 않았다는 의미이기보다는 실증주의적인 관점을 지닌 타당성은 공격을 받을 수 있다는 것이다. Scheurich는 그동안 **거름망**(타당성을 위해 신뢰하기 어려운 자료를 구분하여 걸러내거나 제외해야 한다고 주장했던 것이 전혀 이루어지고 있지 않음)으로서 타당성에 관해 당연시했던 입장에 대해 다시 생각해 보도록 하였다. 이는 해석주의적 입장을 지니고 있는 연구자의 타당성에 대한 우려까지도 해결할 수 있게 해 주었다.

이를 고려해 보면, 질적연구자로서 타당성을 확보하기 위해 자료의 측정과 정량화, 수량화에 중점을 둔 실증주의 연구자의 개념을 취하기보다는 연구에서의 진실성을 확립하는 것에 중점을 두어야 한다. 연구 설계에서 연구자는 신뢰성(credibility), 전이성(transferability), 의존성(dependability), 확증성(conformability)의 다양한 준거를 사용할 수 있다.

신뢰성은 연구자의 반성과 성찰을 통하여 내적 일관성을 유지하는 방법으로 이루어질 수 있다. 전이성은 연구 결과가 다른 연구의 맥락에 적용할 수 있는지에 관한 것으로, 연구 자체와 연구 맥락을 신중히 고려하여 적용해야 할 필요가 있다. 의존성은 수집한 자료와 현장에서의 활동이 얼마나 직접적으로 관계가 있느냐에 대한 것이다.

질적연구에서의 확증성은 양적연구에서의 객관성과 유사한 개념이다. 질적연구자들은 해석주의와 질적연구 방법으로 연구를 수행하기 때문에 실증주의 또는 양적연구 방법을 사용한 연구에서 말하는 객관성이 아닌 확증성을 사용한다. 연구의 진실성은 독자에 의해 판단되며, 진실성을 위한 개념들을 연구에 구체적으로 적용해야 할 필요가 있다. 당신은 다음의 전략들을 사용하여 연구의 진실성을 확보할 수 있을 것이다.

진실성 전략

삼각검증법

삼각검증법(triangulation)은 대부분의 질적연구에서 가장 중요한 고려사항이다. **삼각검증법**에서 **삼각(tri)**은 조사된 것에 대하여 한 가지 관점보다 더 많은 관점을 확보하기 위한 것이다(더 구체적인 논의는 삼각검증법에 대한 장을 참고하라).

괄호치기

괄호치기(bracketing) 개념은 Husserl(1931)에 의해 언급되었다. 이는 현상학적 방법론을 사용하는 질적연구자들의 의식적이고 의도적이며 지적인 장치로, 의식적이고 의도적으로 연구와 관련된 연구자 자신의 의식이나 선입견, 추정을 배제하는 것이다. 이는 연구 수행의 진실성과 관련된다.

반성적 고찰

반성적 고찰(reflexivity)은 연구자가 연구하는 것의 의미와 맥락에 영향을 미치는 연구자 자신의 태도, 신념, 입장에 대한 방식을 숙고할 수 있는 능력이다. 이 능력의 중요한 관점은 연구자가 연구를 수행하는 동안 자신이 숙고한 것들로부터 멀리 떨어져 연구자로서의 객관적인 입장을 유지하는 것이다.

🎯 연구의 내부자적 및 외부자적 위치

진실성과 관련된 다양한 고려사항에도 불구하고 해석주의 전통에서 질적연구자는 연구 도구 중 하나로 간주된다. 에믹(emic)의 관점은 내부자로서의 관점이다. 에틱(etic) 의 관점은 외부자로서의 관점이다. 에믹과 에틱의 관점은 연구자가 내부자나 외부자 (연구자가 자신의 연구에서 연구 참여자가 되거나 외부자의 시각으로 바라보는)가 되는 방법을 설정하고 기술하는 고려사항이 된다. 당신은 연구에서 연구자와 연구 참여자의 차이가 무엇인지 명확히 해야 할 것이다. 당신은 자신이 내부자의 관점과 가깝고 외부자의 관점과는 좀 더 거리가 있다는 것을 발견할 것이다. 이는 연구를 수행하는 동안 연구자로서 자신을 위치시키는 데 있어 지속적으로 염두에 두어야 할 사항이다.

당신은 자신의 위치를 내부자 또는 외부자에, 그 사이에, 아니면 내부자에서 외부자로, 외부자에서 내부자로 그 사이를 왔다 갔다 하도록 설정할 수 있다. 질적연구에서 연구자의 위치는 객관주의적 태도를 중요시하고 연구자조차 존재하지 않아야 한다고 주장하는 실증주의 연구자들의 개념과는 다르다. 질적연구를 수행하는 연구자는 연구를 수행하는 동안 연구자 자신과 연구가 환경의 영향을 받고 있음을 상세히 기술한다.

당신은 해석주의 관점을 따르는 질적연구자로 연구를 수행하는 동안 평소 관심 두지 않았던 부분들을 확인해야 하며, 이를 고려하여 적합하게 연구를 설계해야 한다. 연구와 관련된 사람, 문서, 현상, 맥락 등을 확인할 필요가 있다. 당신은 조사하고 면담하기 위해 사람들을 만나고, 문서를 수집 · 정리하고, 다른 사람들의 개인 자료를 사용할 수 있는 권한을 얻고, 연구 참여자들과의 관계를 형성하고자 한다. 당신은 연구를 위하여 이러한 행동을 하는 것에 대해 부끄러워하거나, 미안한 마음을 가져, 연구에 대해 밝히지 않고 연구 참여자를 속이면 안 된다. 당신은 이러한 것들을 수용해야 하고, 인정해야 하고, 연구 참여자에게 자세하게 설명해 주어야 한다. 당신이 연구 참여자에게 자세하게 설명할 수 있을 때에 내부자로서의 관점을 지닐 수 있게 된다. 논문에는 연구자 자신이 연구 수행과정에 어떻게 참여할 것인지에 대해 심사위원이 알 수 있도록 기술하는 부분이 있는데, 이 부분이 에믹과 에틱의 관점이다.

정치적, 경제적 또는 사회적으로 지배적이거나 수용 가능한 관례 등 민감한 분야에 대해 연구하는 경우가 있다. 이러한 경우는 연구자가 관련 자료에 접근할 수 있도록 하기 위하여 연구 참여자와 신뢰를 쌓고자 많은 시간을 할애할 것이다.

에믹의 관점은 편견을 만들어 낼 수도 있는 연구자의 개인적인 반응과 성향, 연구 참여자와의 개인적인 관계나 개인적인 소속 조직을 포함한다. 따라서 연구자의 연구 노트, 연구 저널, 연구 일지 작성은 가장 중요한 영역이라고 할 수 있다. 동시에 연구 자가 자신의 반응이 연구에 영향을 미치지 않도록 하고 에틱의 관점에 대해 설명할 때 연구 참여자, 조직, 문서 등과의 상호작용에 있어 좀 더 거리를 두고 관찰자적인 입장을 취할 수 있게 된다.

내부자의 관점: 문화기술지와 내부 연구자

문화기술지 연구는 에믹의 관점을 지닌 연구의 대표적인 예이다. 보이지는 않지만 고려해야 할 필요가 있는 것이 내부자의 관점을 지닌 연구자일 것이다. 연구자는 연 구방법으로 현상학이나 사례연구를 선택하고, 자신의 동료 중에서 연구 참여자를 선 택할 것이다. 이처럼 연구 참여자를 선정하는 경우, 내부자로서의 관점이 더 많을 것 이다. 내부 연구자는 사실상 조직의 일원으로서 연구 참여자들과 관련되어 있다. 연 구자는 연구를 수행하는 동안에도 연구 참여자들과 함께 일하고, 같은 목표를 지니고 같은 활동을 하게 된다. 내부 연구자는 사실상 연구 참여자와 연구자로서의 이중 역 할을 지닌다. 이러한 이중 역할은 단지 연구 전문가와 아마추어의 차이를 이야기하 는 것이 아니며, 특정 전문 직업의 언어, 행동 강령, 절차, 관례를 논의할 때 중요한 의미를 지닌다. 연구자가 조직의 일원으로 그 조직과 관련되어 있는 것을 연구가 지 닌 제한점으로 보기보다는 질적연구에서는 연구를 위해 필요한 것으로 고려할 수 있다.

🎯 글쓰기의 예시

| 글 시작하기 | → | 내가 사용한 기법을 설명하기 전에 연구방법으로 선택한 사례연구에 대하여 논의하고자 한다. 사례연구는 현상 자체와 가능한 폭넓은 상황의 의미를 이해하기 위해 특정 현상의 명확한 측면에 초점을 둔 연구이다. | ← | 사례연구 방법 정의하기 |

Yin(2006)은 사례연구가 연구하고자 하는 현상의 독특함을 밝히는 데에 사용된다고 하였다. 독특함을 밝힌다는 것은 다른 현상과는 다른 부분을 알아내는 것이다. Merriam(1998)은 수집된 자료의 의미와 맥락에 대하여 심도 있게 이해하기 위해 사례연구를 실시한다고 하였다. 또한 연구자는 사례연구를 통해 특정 맥락에서 흥미 있는 특정한 현상을 세부적으로 연구할 수 있다(Hartley, 2004; Robert E. Stake, 1995).

(주요 학자 인용하기)

(연구방법의 장점 설명하기 →) Yin(2006)의 연구에서 알 수 있듯이, 사례연구의 관점은 실험실이나 임상시험에 있는 것이 아니라 실제 삶의 경험에 기초하고 있다. 즉, 사례연구는 본 연구와 같이 해석주의적 입장을 취하고 있는 질적연구에 적합한 방법이다. George(2006)는 연구방법으로서의 사례연구가 연구자들이 현상을 전체적으로 이해할 수 있도록 하면서 현상의 특정 측면을 구체적으로 살펴볼 수 있다고 하였다. 사례연구의 장점은 구체적인 현상 안에서 일어나는 상호작용에 초점을 둔다는 것이다(Bell, 1993). 구체적으로 살펴보는 것의 장점은 많은 사례를 얕게 훑어보는 다른 연구방법과 달리 현상을 깊이 있게 살펴볼 수 있도록 연구의 초점을 하나로 모아 준다는 것이다. 본 연구에서는 사람들이 각자의 _____을/를 해결하는 것으로 _____의 구체적인 사항을 알아보기 위하여 방대한 지역인 _____ 맥락 안의 2개의 지역 중 6개 현장의 구체적인 사항에 초점을 맞추어 연구하였다. 이는 본 연구자가 관심을 가지고 있었던 것에 대한 구체적인 사항들을 찾아내고, 이에 기반을 두어 '연구 질문'에 대한 지적인 통찰력을 가질 수 있도록 해 주었다. Merriam(1998)에 따르면, 사례연구는 사례의 과정, 맥락, 발견의 핵심 특징을 탐구하는 데에 초점을 두고 있으며, 본 연구자는 이 연구를 계획할 때에 생각했던 개념의 핵심 특징에 초점을 맞추었다.

(연구방법의 장점 적용하기)

(적용방법 구체적으로 설명하기 →)

(연구에 대한 정보를 제공하고 구체적으로 기술하기)

Yin(2006)에 의하면, 사례연구를 수행하는 연구자는 연구 주제, 맥락, 자료 출처의 세 가지 요소를 고려해야 한다고 하였는데, 이는 특히 실제 맥락에서 일어나는 현재의 현상에 초점을 둔다(Yin, 2003a, 2003b, 2006). Hartley(2004)는 사례

(연구방법의 특징 자세히 설명하기 →)

연구가 "맥락에서 수집된 풍부한 자료 때문에 사회적이거나 조직적인 절차의 세부적인 이해를 요하는 연구 질문에 특히 적합하다."(p. 323)고 하였다. 본 연구자는 이와 같은 관점으로 사례연구를 적용하였고, 이는 연구 질문의 재진술을 통하여 제기된 주요 주제들을 강조할 수 있도록 해 주었다. 이 주제들은 본 연구자가 연구의 _____ 맥락 안에서 주안점을 둘 수 있게 하였고, 문서, 면담, 질문지 등에 기반을 두고 연구를 수행할 수 있도록 하였다. 이와 같이 본 연구에서 사례연구 방법이 어떻게 적용되었는지에 관한 고려사항을 자세히 기술하겠다.

> 자료수집을 위해 연구방법이 어떻게 적용되는지 설명하기

Hartley(2004)는 연구자들이 현상을 탐구하기 위해 사회적 맥락 안에서 발생하는 복잡한 상호작용과 과정, 세부사항 등의 풍부한 자료를 기반으로 하여 사례연구를 수행한다고 하였다. 본 연구자는 _____의 맥락에서 개선점에 대한 심도 깊은 이해를 위해 사례연구를 연구방법으로 사용하였다.

> '풍부한' 자료에 대한 개념 강조하기

> 연구가 지닌 특수성으로 단락 마무리하기

☉ '글쓰기의 예시'에 대한 해설

사례연구를 연구방법으로 적용한 박사 후보자는 내용을 명확하고 구체적으로 진술하는 것에 어려움을 많이 느끼고 있다. 이와 같은 어려움은 자신의 글을 지지해 줄 수 있는 저명한 학자의 의견을 뒷받침하여 기술함으로써 해결될 수 있다. 뿐만 아니라 기존의 주장과 논쟁을 사례연구 방법을 활용하여 자신의 연구에 지속적으로 적용하고, 연구 질문을 심사위원에게 상기시키며, 연구에 적용된 방법에서 논의거리가 되는 것을 설명해야 한다. 심혈을 기울여 단락을 구성하여야 하는데, 이는 이야기의 원칙에 토대를 두고 문단을 구성할 수 있다.

☉ 표현상의 유의점

• 나는 현상의 특징과 다른 현상과의 차이점을 밝히기 위하여 사례연구 방법을 사용하여 질적연구를 수행하였고, 폭넓은 맥락을 만들 수 있는 일반화로부터 연구

결과를 도출하고자 한다.

- 본 연구의 담론분석은 Derrida(1973)의 연구에 토대를 두고 수행하였다. 자료가 그 안에 의미를 포함하고 있을 것이라고 생각하지 않고, 면담을 전사한 자료를 읽어 내려갔다. 하지만 그 자료는 연구자로서의 나의 접근에 의해 연구 참여자로부터 생성된 상황 맥락이었다.

- 나는 문서분석에 중점을 두고 있었다. 문서를 분석하는 것은 연구에 관련된 부분이나 그 이외의 다른 부분을 밝혀내어, 연구에 대해 더 완벽한 그림을 그릴 수 있도록 해 주었다. 즉, 연구 수행과정에서의 활동과 글로 옮기는 것 사이의 격차를 확인하도록 해 주어 연구를 보다 더 분명하게 보여 줄 수 있었으며, 이는 내가 담론적인 수행을 할 수 있도록 하였다.

- 내가 담론분석을 선택한 이유는 최고의 연구방법이라는 믿음에서가 아니라 담론분석이 나의 연구를 위한 가장 적합하고 유용한 연구 도구라고 생각했기 때문이다.

- 이 연구 설계는 인식론적으로 부적절하다는 타당성의 문제로 인해 수용되지 못하였다. 그래서 나는 분석을 위해 다양한 텍스트를 포함시키는 것뿐만 아니라 연구 설계에 대한 견해와 믿음보다 더 엄격한 준거를 갖춘 연구가 되기 위해 숙고하였다.

- 나는 내부자의 입장을 지닌 연구자로서 연구가 이루어질 연구 환경에 접근하고 그에 대한 사전 정보를 입수하였다. 나는 내부자로서의 연구자의 입장을 지니고 있기에 설문지, 집단면담 전사본, 전문 학술지 등을 통해 수집한 자료들을 살펴볼 때 나의 편견과 선입견을 알아차리도록 숙고하였다.

- 나는 내부자로서의 연구자의 입장을 취하면서 괄호치기, 삼각검증법, 더 나아가 반성적 고찰 등 진실성에 대한 쟁점에 관심을 갖게 되었다.

🎯 추천도서

세부적인 연구방법

- 사례연구
  - Stake(1995)의 『The Art of Case Study Research』는 연구자가 선택한 연구방법이 사례연구일 경우 읽어 볼 만한 저서이다.
  - Yin(2014)의 『Case Study Research: Design and Methods』는 5번째 개정판으로, 연구자들이 인정하는 지침서이다. 이는 사례연구 방법에 대한 또 하나의 추천도서이며, 사례연구 방법은 Yin(2003, 2006)의 저서를 통해 연구자들의 많은 관심을 받게 되었다.
- 문화기술지: Hillyard(2010)의 『New Frontiers in Ethnography』는 문화기술지의 역사부터 최근의 고려사항에 이르는 내용을 다루고 있다.
- 내러티브 탐구: Leonard와 Mertova(2007)의 『Using Narrative in Quiry As a Research Method: An Introduction to Using Critical Event Narrative』는 보다 구체적이고 확장된 읽을거리에 토대가 되는 연구방법에 대한 입문서이기에 추천한다.
- 담론분석: Wodak과 Meyer(2009)의 『Methods for Critical Discourse Analysis』는 다양한 분야의 주요 학자들의 연구를 담고 있기에 좋은 입문서라고 할 수 있다.
- 이와 같은 저서들을 통해 얻은 이해에 살을 붙이기 위한 또 다른 저서, 학술지 논문, 학술발표 논문 등은 데이터베이스나 웹사이트의 검색을 통해 찾아볼 수 있다.
- 추가사항: 웹사이트에 있는 자료를 살펴볼 때에는 신중해야 한다. 선별되지 않은 자료로 인해 객관적이지 못하거나 정확도가 떨어지는 자료가 있을 수 있기에 명백한 태도를 유지할 필요가 있다. 의심이 될 경우 www.flatearth.com 사이트를 활용할 수 있다.

타당성

- Lather(1986)의 『Issues of Validity in Openly Ideological Research: Between a Rock and a Soft Place』는 해석주의 연구자가 갖게 되는 타당성에 대한 고민을 해결해 주는 고전적인 참고문헌이다.
- Scheurich(1997)의 『Research Method in the Postmodern』은 거름망으로서의 타당성에 대하여 제안한다. 이는 해석주의적 질적연구의 입장에서 비난을 극복할 수 있는 타당성, 진실성, 진정성에 대한 논의에서 매우 유용한 자료이다. Lather의 저서와 함께 인용하면 가장 설득력 있는 주장이 될 수 있을 것이다.
- 에믹(emic)과 에틱(etic)에 대한 입문서는 Headland(1990)의 『Emics And Etics: The Insider/ Outsider Debate』를 읽어 보기 바란다.

🎯 결론

연구자의 연구방법은 새로운 지식을 도출하기 위하여 자료를 수집하고 처리하는 방법이라고 할 수 있다. 연구자가 질적연구 분야에서 선택한 연구방법은 존재론, 인식론, 방법론에 대한 이해에 토대를 두고 수행될 것이다. 연구방법에 대한 고려사항에는 타당성, 내부자와 외부자의 관점에 대한 고려가 있다. 연구자는 학술적인 판단을 할 것이고(일반적인 연구방법에 대한 문헌이나 선택한 연구방법에 대한 문헌을 근거로 한 판단이다), 연구방법의 **적합성**(suitability)을 위하여 그 사례를 논할 것이고, 다른 가능한 연구방법에 대한 우월성과 열등성에 대해서는 언급하지 않을 것이다. 지금까지는 책상 앞에 앉아 연구에 관한 학술적 작업에 중점을 두었으며, 실제 연구를 수행하기 위한 준비를 갖추었다. 이제부터 소개할 연구설계는 조사, 면담, 자료의 분류 등으로 시작하며 연구자가 직접 수행해야 하는 것이다. 이들을 수행하기 전에 연구에 사용될 기법에 대해 생각해 보도록 하자. 다음 장에서는 기법에 대해 살펴볼 것이다.

🖉 유용한 정보 6

방법론과 연구방법을 확고하게 수립하기 전까지 면담, 조사 등은 생각하지 않는 것이 좋다. 학위청구논문 심사 신청자들이 이와 같은 조언을 무시하고 방법론이나 연구방법과 일치하지 않아서 사용할 수 없는 방대한 양의 자료를 수집하는 경우를 많이 보아 왔다. 이와 같은 일은 초기 단계에서 **철학적 부분(philosophy)**에 대한 고민을 심도 있게 하지 않았기 때문에 발생하는 것으로, 오히려 단계가 진행될수록 그에 대한 손실을 겪을 수 있다.

기법

이 단계에 이르면서 당신은 연구 설계의 현실 적합성에 관심이 점차 높아져 왔을 것이다. 당신의 판단과 진행해 온 과정을 글로 작성하면서, 앞 장에서 언급했던 두 갈래의 특성(연구자가 선택한 기법에 대해 이해하고 있는 것과 이를 연구에 적용하는 방법을 심사위원에게 보여 주는 것)을 다시 사용하게 될 것이다. 연구 실행에 있어 중요한 것은 연구 참여자가 아닌 다른 집단의 사람들이나 친구나 동료들을 대상으로 당신의 기법을 연습하거나 시범적으로 적용해 보는 것이다. 이 방법이야말로 친구나 동료로부터 유용한 피드백을 받아 당신이 무엇을 하고 무엇을 하지 말아야 할지를 알 수 있는 방법이다. 이는 연구과정 중 박사가 되기 위한 훈련의 일환이다. 숙련된 연구자들은 자신이 사용하고자 하는 연구 도구들을 시범적으로 적용해 보는데, 이는 잠재적인 문제를 예방하고 실제 연구에 들어가기 전에 연구 자체가 지닐 수 있는 논쟁을 해결할 수 있게 해 준다.

기법(technique)은 그리스어 'tekhne'에서 유래된 것으로, 전문 지식이나 예술, 공연에서 실행되는 특별한 과정을 의미한다. 또한 이는 보다 더 광범위한 기법과의 연결의 의미를 지니며, 특정 방법론과 연구방법이 연구 기법을 이끌어 낸다고 볼 수 있다. 어떤 연구자는 이와 같은 연구 기법을 자료수집 방법설계, 자료수집 전략, 자료 생성

기술이라고 일컫는다. 여기서는 연구자가 자료를 만들어 내기 위해 사용하는 기법으로서의 도구를 이야기한다. 연구자는 면담, 포커스그룹 면담, 면담 전사본, 관찰, 현장조사, 현장 기록, 메모, 연구 일지나 저널, 관찰 노트, 사진, 비디오 촬영 동영상 등 여러 가지 기법을 상호 교차하여 사용할 것이다. 이는 연구자가 하나의 관점으로 조사하는 것보다 삼각검증법을 통하여 더 많은 것을 얻고자 하는 노력의 일부이다. **삼각검증법**(triangulation)의 **삼각**(tri)이 세 가지를 나타냄에도 불구하고 두 개 또는 그 이상의 관점으로 이해할 수 있다(5단계 참조).

🎯 면담

주어진 주제에 대한 면담(연구자가 질문하고 연구 참여자가 그에 대답하는)을 통해 자료를 수집하는 것은 단순해 보인다. 하지만 지금부터 언급할 것들은 면담을 실시할 때 당연히 고려해야 하는 것들인데, 사실 이는 자료 수집을 위한 기법으로 면담을 사용할 때 고려되어야 하는 복잡한 요소들의 시작일 뿐이다. 연구 참여자의 자세한 응답을 도출하기 위한 개방형 질문을 고안하는 것은 면담 기법을 사용할 때 가장 중요하게 고려해야 할 사항이다. **예** 또는 **아니오**로 대답할 수 있는 질문들은 연구 문제에서 추구하는 **방법**(how)과 **이유**(why)를 밝히기에는 적합하지 않다. 당신은 면담을 실시하면서 비디오 촬영이나 오디오 녹음을 해야 하며, 자세한 분석을 위해 전사를 해야 한다.

오디오와 비디오를 통한 자료를 확보하는 것이야말로 중요한 사항이며, 이와 같은 방법으로 수집한 자료는 연구 문제를 밝히는 데에 많은 도움을 줄 수 있다. 녹음 기기의 사용은 연구자와 연구 참여자 간의 상호작용에서 뚜렷하게 보이지 않는 것들을 알 수 있게 해 준다(Thompson, 1996).

Block(1995)은 녹음된 면담을 '더러운 창문을 통해 전부는 아니지만 일부를 볼 수 있다는 것'에 비유하였는데, 이는 연구자와 연구 참여자의 관계에 대한 가장 적절한 비유라고 볼 수 있다. 면담을 할 때, 당신이 물어보는 질문에 대해 연구 참여자가 자신이 알고 있거나 경험한 것의 전부를 말하지 않는 이유가 있을 수 있고, 또 그것이 그들의 권리이기도 하다. 또한 연구 참여자는 당신에게 거짓을 말할 수도 있다. 연구 참여자가 녹음기를 발견하게 되면 말하고자 하는 바를 축소하거나 과장할 수도 있다.

　당신이 질적연구의 일반적인 기법인 면담 기법을 선택하였다면, 전사과정과 이와 관련한 절차를 포함하여 작성해야 할 것이고, 당신이 아닌 다른 사람이 전사를 했을 경우에는 윤리적인 고려사항을 논의해야 할 것이다. 또한 이와 같은 것들을 어떻게 다루고 있는지를 논문에 작성해야 할 것이다.

　당신은 면담 기법을 사용하였을 때 어디까지 믿을 수 있는 것인지에 관한 학문적 논의에 관심을 갖게 될 것이다. 이는 면담 기법을 사용하지 말라는 의미가 아니다. 단지 심사위원에게 무엇이 관련되어 있으며 자료가 어떻게 수집되고 도출되었는지 등의 연구자 자신이 알고 있는 것을 구체적으로 설명하여 진실성 확보를 위해 노력해야 한다는 의미이다.

🎯 포커스그룹 면담

　포커스그룹 면담은 대개 8~10명이, 때로는 20명 이상이 한 장소에 모여 사회자나 촉진자의 안내에 따라 흥미를 지니고 있는 질문이나 주제에 대해 대답하는 것이다. 연구 참여자가 20명 이상이라는 것은 모두가 발언권을 갖기 어렵거나 너무 많은 자료로 인해 다루기 어려운 상황이 될 수 있다는 것을 의미한다.

　연구에서 기법으로 사용될 때, 포커스그룹 면담은 다른 연구방법으로는 얻기 어려운 통찰을 이끌어 내는 집단 상호작용과 관련된 복합적인 현상을 지니고 있다. 연구 참여자들은 사회자나 촉진자에게 일대일로 반응하는 것이 아니라 논의되고 있는 부분을 탐구하기 위해 연구 참여자 서로 간에 반응하고 상호작용한다. 이것이 가능하기 위해서는 사회자나 촉진자의 역할이 매우 중요하다. 자료수집의 질과 효율성에 역효과를 가져오지 않으려면 무계획적이고 즉흥적인 대화가 아닌 구조적이고 목적 지향적인 대화가 이루어질 수 있도록 포커스그룹 면담의 사회자나 촉진자는 권위 있는 역할을 지녀야 한다. 사회자나 촉진자가 비언어적 신호를 알아차리는 것은 매우 중요한데, 이는 연구 참여자들이 말한 것에 가치 있는 풍부한 자료를 더할 수 있게 해 준다.

동시에 사회자는 위협적이지 않은 환경을 조성하여 자유롭고 솔직한 상호작용이 이루어질 수 있도록 해야 한다. 이와 같이 되기 위해서는 몇 가지의 사전 준비가 필요한데, 연구 참여자들은 발생할 논의에 대해 무엇이 어떻게 이루어지는지에 대하여 명확하게 이해하고 있어야 한다. 면담이 끝날 즈음, 사회자는 연구 참여자들과 함께 확인하면서 나타났던 의견들을 요약하며 마무리한다. 이는 연구 참여자들이 시간을 함께 가졌다는 것보다 연구 참여자들이 서로 주고받은 것의 중요성을 강화할 것이다. 연구 참여자들은 이 특정 집단 내에서 자신들의 의견을 개진하고 서로 간의 합의를 도출할 수 있는 기회를 지니고 있다. 당신은 수집된 정보들을 어떻게 사용할 것인가를 생각해 볼 필요가 있다. 녹음 자료의 전사는 면담이 끝난 후 가능하면 바로 완성해야 하고, 사회자의 메모는 비언어적 상황을 설명하는 데에 도움을 줄 것이다. 당신은 녹음 자료 및 메모 등의 원자료를 능숙하게 다루고 해석해야 한다. 포커스그룹 면담을 위한 각 단계가 학문적 논의를 위해 기술될 것이다.

🎯 조사

조사 연구는 다양한 범주의 사람들이 연구에 참여할 수 있도록 한다. 연구의 필요와 다수의 참여자를 관리하는 연구자의 능력에 따라 표본의 크기가 결정될 것이고, 표본에 속한 연구 참여자들은 주어진 설문지를 받아 각 질문에 대한 응답을 기록한다. **예** 또는 **아니오**로 대답할 수 있는 질문들은 피하거나 줄이는 것이 좋고, 어떤 사실을 확인하기 위해 주관식의 질문을 만들 수 있다. 조사 연구는 서면 조사, 구두 조사, 소셜 미디어(페이스북 등) 기반 조사 등으로 이루어지며, 많은 수의 응답자를 모으는 데는 전자 프로그램이 가장 도움이 될 것이다(예: Survey Monkey).

조사 연구 시 특별히 고려해야 할 사항은 다음과 같다. 만약 당신이 우편 조사를 실시한다면, 응답을 얻고 싶은 사람들의 주소는 어떻게 입수할 것인지, 그리고 그들이 응답을 해 줄 것인지 등을 고려해 보아야 할 것이다. 회신용 봉투가 도움이 될지는 모르지만, 회수를 보장할 수는 없다. 만약 당신이 전화 조사를 실시한다면, 전화번호를 어떻게 입수할 것인지, 조사를 시작하기 전에 전화를 끊어 버리는 것을 어떻게 막을 것인지, 콜센터처럼 연구 참여자들에게 가장 곤란한 시간에 전화를 해서 이미 기분이 나빠져 버렸다면 어떻게 할 것인지 등을 고려해 보아야 할 것이다. 고려해야 할 또 다른 요소는 질문이 개방형인 경우 전화기 너머의 대답들을 기록하는 방법이다. 만약 당신이 소셜 미디어를 이용한다면, 연구와 가장 관련 있는 사람으로 응답자를 어떻게 제한할 것인지, 소셜 미디어에서 당신이 응답해 주기를 바라는 사람이 연구 의도에 적합한 사람인지를 어떻게 알 수 있는지 등을 고려해 보아야 할 것이다. 만약 당신이 전자 조사를 한다면 접촉하고자 하는 사람들의 이메일 주소는 어떻게 얻을 것인지, 연구 참여자가 응답해 줄 것을 어떻게 확신할 수 있는지 등을 고려해 보아야 할 것이다.

당신이 이와 같은 문제를 고려해 보았다면, 이제 자료를 어떻게 수집할 것인지 생각해 보아야 할 것이다. 서면 조사로 얻은 응답들은 구두 조사로 얻는 응답과는 전혀 다른 특성을 지니고 있다. 전자 조사를 통해 얻어진 응답은 트위터처럼 간결성을 특성으로 지니고 있고, 전자 설문 도구는 조사 문항을 보내기 전에 응답자에게 무엇을 기대해야 하는지에 대해 사전 결정이 이루어져야 한다.

연구자는 **눈덩이 표집**(snowball)을 사용할 수 있으며, 이는 연구 참여자가 참여 가능성이 있는 또 다른 연구 참여자를 추천하는 방식이다. 표집을 만들기 위해 유의추출법을 사용할 수 있는데, 이를 사용하게 되면 연구자는 특정 집단을 명확하게 확인하고 직접 접근한다. 편지, 전화, 소셜 미디어, 전자 조사 도구로 접근할 수 있으며, 식당, 휴게실, 사무실 게시판 등에 공지사항을 올리는 방법으로도 접근할 수 있다.

다시 말하지만, 조사라는 자료수집 방법을 위해 사용되는 매개체가 미치는 영향을 포함하여 학문적인 고려사항을 살펴볼 필요가 있다. 본 조사를 수행하기 전에 사전 조사를 수행하는 것은 발생될 수 있는 문제가 무엇인지 본 조사가 수행되기 전에 숙고할 수 있게 해 주기 때문에 바람직하다.

🎯 관찰

관찰이 연구 기법으로 사용될 때, 관찰은 그저 물건, 사람, 사람들이 하는 것들을 바라보는 것 그 이상이다. 기법으로서의 관찰은 선별적으로 선택하는 것을 의미하며, 이는 모든 것, 모든 사람, 또는 모든 사람이 하는 모든 것에 대한 연구가 아닌, 하나의 대상에 대한 연구라는 의미이다. 이러한 이유로 질적연구에서 관찰 기법은 제한적이지 않고, 관찰은 글쓰기에서 풍부한 묘사를 위해 설계될 수 있으며, 주의 깊은 관찰과 자세한 기록에 기반을 두고 풍부한 묘사를 할 수 있다. 관찰 기법은 관찰할 것과 그에 따른 구체적인 사항들, 특징을 기록한 것 등에 대해 그 범위가 개방되어 있다. 또한 관찰 기법은 무엇이 관찰될 것인지, 관리할 자료의 양은 어느 정도인지에 따라 제한적이다. 어느 부분까지 관찰할 것인지는 연구 본질, 방법론, 연구방법, 기법 등을 자신의 사례에 기반을 두고 당신이 결정하는 것이다.

현실 가능성에 대한 고려사항은 관찰을 할 때 당신이 어떻게 현장에서 눈에 띄지 않게 관찰을 실시할 것이고 현장에서 진행되는 것들을 방해하지 않을 것인지에 대한 것이다. 동시에 관찰자 효과는 무엇이며, 관찰자가 있어야 할 장소는 어디이고, 관찰자가 관찰해야 할 대상은 무엇인지에 대하여 학문적으로 관심을 가져야 한다. 이는 연구 목적을 위해 관찰될 사람들의 허락을 구하지 않고 그들이 인식하지 못하게 관찰을 실시할 수 없다는 것에 대한 윤리적인 고려사항이다. 당신은 관찰자 효과에 대한 연구의 진실성을 위한 조치로서 여러 가지 고려사항을 제시하고, 그것을 어떻게 다루었는지를 설명해야 한다. 질적연구자로 작업하면서 법적이나 도덕적으로 결함이 있거나, 피관찰자가 피해를 입게 되는 불법적이거나 반사회적인 방법은 그 어느 것도 허용될 수 없다는 것을 알고, 당신은 관찰을 위해 현장에 개입해야 한다. 이와 같은 관찰 기법의 고려사항은 당신의 관찰 기법을 어렵게 만들 수도 있지만, 관찰 기법의 불가피한 특징이기도 하다.

이는 당신이 관찰 기법을 통한 자료를 사용할 수 없다거나, 진실만을 담기 위해 관찰을 취소해야 한다거나, 당신이 가진 것만을 가지고 연구를 해야 한다는 의미는 아니다. 관찰 기법을 사용할 때에는 진실성 확보를 위한 조치와 더불어 윤리적 고려사항도 함께 다루어야 한다는 의미이다.

🎯 현장 노트

당신이 문화기술지, 관찰, 면담, 조사 등을 선택했다면 현장에서 연구를 진행하며 현장의 더 복잡한 현상에 대해 기록을 할 것이며, 이는 당신이 사용할 수 있는 매우 간단한 기법이라고 할 수 있다. Wolfinger(2002)는 현장 노트 만들기에 대한 연구에서 "어떤 일정한 기법에 개의치 말고 노트 기록을 하고, 종종 연구자의 암묵적 지식과 기대는 주석으로서의 가치가 있는지를 결정하는 데에 중요한 역할을 한다."(p. 85)라고 언급하였다. 여기에서 에믹(emic)과 에틱(etic)에 대한 숙고가 시작되고, 질적연구자는 이를 항상 생각하고 또 생각해야 한다는 것이 다시 한 번 강조된다. 현장 노트는 기법 자체로서 단독으로 사용할 수도 있고, 다른 기법과 함께 보조적 기법으로 사용할 수도 있는데, 현장 노트에 대해 논문에 작성할 때 자신의 위치와 관점을 언급해 주어야 할 것이다.

🎯 메모

당신은 조사한 주제와 관련된 모든 문서를 다루지는 않을 것이다. 자신의 연구와 관련된 주제, 강조점, 자료 등을 선택하게 될 것이다. 당신은 연구에 사용될 것보다 더 많은 자료를 읽게 될 것이고, 몇몇 자료는 다른 자료보다 중요하다고 생각하여 우선순위에 둘 것이다. 또 어떤 자료는 이미 그 자료 자체로의 중요성을 가졌을 것이고, 다른 것들은 학문적으로 관심을 기울이지 않은 주제들일 것이다. 관심을 기울이지 않았던 자료들에 주의를 기울이는 것은 철저한 검토를 위해 연구에서 다루어진 것 이외의 범위에 다시 초점을 맞추어 조사할 수 있게 해 준다.

가장 간단한 방법으로 워드프로세서 프로그램의 **찾기(find)** 기능을 이용하여 핵심 단어를 검색할 수 있고, 문서에서 핵심 단어가 나타난 횟수를 알 수 있다. 당신이 이렇게 검색하였음에도 불구하고 자료의 복잡성을 고려하면 질적연구의 자료 정리를 위한 프로그램(예: 2013년에 개발된 QSR의 NVivo)을 사용할 수도 있다. 이 과정을 통해 당신은 무엇을 강조할지 결정하게 되고, 어떤 것에 관심을 덜 기울여야 할지 알게 된다. 이는 당신 연구의 결론에 대하여 탄탄한 학문적 논의를 펼칠 수 있도록 해 준다.

🎯 일지와 저널

일지나 저널은 당신에게 연구를 위한 원자료를 제공한다. 당신은 연구 목적을 위해 일지와 저널을 단독으로 사용하지는 않겠지만, 연구 내용의 구체적인 사항들을 확인하는 용도로 사용할 수 있다. 당신은 소프트웨어에서와 같이 찾기 기능을 사용할 수 있다. 당신의 판단은 연구자로서의 위치에 영향을 받은 것이며, 당신은 자신의 연구 진행의 근거에 대해 설명할 수 있어야 한다.

🎯 사진과 동영상

당신은 특정 사진과 동영상을 선택할 수 있을 뿐만 아니라, 당신이 가지고 있는 사진과 동영상 자료 중에서 특정 세부사항들을 선택할 수 있고, 그 선택에 대한 이유를 설명해야 한다. 사진이나 동영상을 선택할 때, 당신은 자신이 하고 있는 연구의 고려 사항을 기준으로 검토하여 선택할 것이고, 적절한 사진이나 동영상을 선택하기 위한 소프트웨어는 없다. 사진 또는 동영상이 지니고 있는 저해상도 및 낮은 명료도와 같은 자체적인 문제에 대해 소프트웨어를 사용할 수는 있다. 사진과 동영상은 최근 기술 발달의 산물이며, 기술적인 발전에 대한 최근 학회 정황을 잘 알아둘 필요가 있다.

🎯 글쓰기의 예시

사용된 두 개의
기법 언급하기 ▶

공식적 기록인 문서는 분석을 위한 풍부한 자료의 원천을 제공하지만, 나는 면담을 함께 계획하였다. 이 과정에서 실증주의적 관점에만 주목한 Scheurich(1997)를 포함하여 이 분야의 많은 학자의 연구를 참고하였고, 자료수집을 위해 면담이 문제가 되지 않는 연구방법으로 보일 수 있도록 노력하였다(p. 61). 나는 면담 녹음 자료를 한 글자 한 글자 그대로 옮겨 적은 전사본을 분석하지 않은 채로 논의에서 주제에 대한 언급을 하고자 했지만, 나는 바로 이 전사본이 Scheurich(1997)가 이야기한 "의식적인 또는 무의식적인 연구자와 현실이라고 대변되는 탈맥락적인 자료와의 창조적인 상호작용"이라는 것을 알게 되었다(p. 63). 그래서 나는 녹음된 면담과 전사본에 관심을 가지고 중점을 둘 수 있었다(Thompson, 1996, p. 7). 하지만 각 연구 참여자가 모든 것을 말하는지에 대해서는 확인할 수 없었다. 면담 질문을 제시할 때, 연구 참여자의 "후속 분석에서 다룰 수 있는 의미의 장을 열어 주는" 대답을 해 주길 기대했다(Kvale, 1996, p. 184). 따라서 전사본이 "면담의 명백한 기록이 진실의 전형으로 간주된다"는 것을 대변하고자 하지 않았고(Poland, 1995, p. 291), 이 논문에서도 그렇게 설정하지 않고 시작했다.

◀ 기법에서 문제가 될 수 있는 부분에 대한 학술적 고려사항 언급하기

자료의 현실성과
관점 논하기 ▶

기법의 제한점
설명하기 ▶

◀ 면담이 연구자에게 얼마만큼 말해 줄 수 있을지에 대한 고려사항 주목하기

모든 주장은 학술적 문헌으로 뒷받침하기

이와 같이 인용된 전문가들의 표현은 내가 중점을 두고자 하는 것을 표현해 주고 있다. 이는 내가 문서분석에서 도출된 주제에 따라 면담을 분석할 수 있도록 하였다. 나는 면담자의 진술과 문서의 내용이 반대이든 아니든 진실성에 대해 묻지 않고, 연구 참여자들의 진술을 연구 참여자들이 참여하는 담론의 장의 구성 요소인 담화로 고려하였다. 이 과정은 문서와 실행 간의 격차를 확인할 수 있게 해 주었다. 다양한 조직의 공개 보고서를 분석 기법을 사용하여 분석하였고, 주로 면담 전사본은 큰 조직 내에서 작은 관계망에 대한 묘사나 조직의 활동에 대한 큰 그림을 도출하기 위한 것이었다. 이를 통해 본 연구의 연구 문제인 조직적인 맥락 내에서의 국가적인 정책 강령의 시행을 검토할 수 있었다.

◀ 연구 방법론을 포함하여 기법 소개하기

연구의 제한점 다루기 ▶

연구에서 삼각검증법을 사용하지 않았음을 언급하기 ▶

◀ 방향 제시, 연구 문제에 대한 언급으로 마무리

🎯 '글쓰기의 예시'에 대한 해설

당신은 사용하고자 하는 기법의 문제점에 대해 많은 고민을 해야 하고, 기법을 사용하는 것을 간단하거나 쉬운 것이라고 여기지 말아야 한다. 기법을 사용할 때에는 방법론적인 부분과 실행 가능성에 대하여 고려해야 하고, 방법론과 연구방법에 적합해야 한다.

🎯 표현상의 유의점

- 당신이 사용한 기법들의 명칭을 그대로 사용하여 작성한다. **나는 자료를 생성하는 도구로서 면담, 포커스그룹 면담, 관찰 등을 사용하였다.**
- **연구방법, 접근, 방법론** 등의 단어는 **면담, 포커스그룹 면담, 조사** 등의 단어와 관련되지 않는다. 당신은 기법에 대하여 연구방법, 접근, 방법론과 분리시켜 생각해야 한다. 그렇지 않으면 이들을 하나로 보려고 하거나 바꾸어 사용할 수 있는 것으로 오해할 수 있다.
- 기법에 대해 논의할 때, 특정 기법을 다룬 저서를 인용하여 작성한다. **"Thompson (1996)과 Wolfinger(2002)의 연구에 근거하여 나는⋯⋯."**

🎯 추천도서

- Dianne Thompson(1996)의 『The tape recorder as a mediating factor in research』는 면담에 사용한 녹음 기기의 역할에 관하여 고려해야 할 것들을 자세하게 제시하고 있다.
- 질적연구에서의 포커스그룹 면담에 대한 자료가 많지는 않으나, Bloor, Frankland,

Thomas와 Robson(2001)의 『Focus groups in social research』는 포커스그룹 면담에 대하여 개략적으로 잘 설명한 저서이다.

- Kelley, Clark, Brown과 Sitzia(2003)의 『Good practice in the conduct and reporting of survey research』는 건강 관리 관련 저서이지만 질적연구의 핵심 특징을 살펴보기에 좋다.

- 관찰과 관련한 가장 좋은 저서는 일반적인 연구방법 안내서에 있으며, 잘 살펴보면 관찰 기법 사용에 대한 논의에 사용할 수 있는 정보를 찾을 수 있다.

- Nicholas Wolfinger(2002)의 『On writing fieldnotes: Collection strategies and background expectancies』는 현장 노트와 관련된 핵심 요소들을 다루고 있으며, 특히 문화기술지 연구방법을 사용하는 연구자에게 유용하다.

- Doermann, Kise와 Marinai(2013)의 『The International Journal on Document Analysis and Recognition(IJDAR)』은 과정, 절차, 소프트웨어 프로그램 개발, 문헌분석을 다루는 학술지이다. "글자, 상징, 글, 줄, 도표, 그림, 손글씨, 서명 등을 컴퓨터로 처리한다."라고 언급한 것처럼 시기적절하게 학술적인 공헌을 하였다.

결론

이 단계를 통하여 연구 기법을 확인하고, 논의하고, 연구 기법의 사용 계획을 세우는 것은 의미 있는 과정이다. 만약 당신이 삼각검증법을 수행하고자 한다면, 자료를 수집하는 데에 두 개 이상의 기법을 사용하면 된다. 이제 가장 중요한 연구의 수행 단계인 자료수집 단계로 넘어가 보자. 자료수집에 대한 내용은 다음 장에서 다룰 것이다.

🖊 유용한 정보 7

당신이 사용하려고 선택한 기법에 대해 학술지 논문을 검색할 때 이론과 실제의 차이를 발견하게 될 것이다. 이 차이가 신경 쓰인다면 관련 학술적 근거나 학회 발표 자료를 찾아볼 수 있다. 녹음 기기와 면담에 대한 Thompson의 논문은 가장 많이 추천되고 인용되는 논문인데, 이는 Thompson의 박사논문의 일부분이다.

자료수집

자료수집 시작하기

연구에서 가장 매력적인 부분 중 하나는 면담 질문을 정하고, 면담을 실시하고, 설문지를 배포하고, 문서를 찾아 모으고, 전사를 하는 것과 같은 자료수집 단계에 접어드는 것이다. 이 단계에서는 자료수집과 관련하여 몇 가지 주의해야 할 사항이 있다. 이 장에 들어오기 전에 3단계 '윤리적 고려'와 7단계 '기법'에 관련된 자료들을 모두 읽고 해당되는 부분을 모두 작성하지는 않았다 하더라도, 연구자는 자료를 수집하기 전에 적어도 자신이 적용하고자 하는 방법론에 대한 철저한 이해를 하고 있어야 한다. 방법론을 이해하기 전에 먼저 자료를 수집해서, 정말 필요한 자료를 수집하지 못했다는 것을 나중에 발견하게 되는 박사 후보자를 만나게 된다. 설상가상으로 이들은 수집된 자료를 방법론과 관련지어 분석하는 데에서도 어려움을 겪게 된다. 박사학위논문의 풍부한 논의 작성을 위하여 다양한 요소를 정리하고 융합하여 구성하는 데에는 방법론에 대한 이해가 선행되어야 한다는 것을 꼭 기억해야 한다.

🎯 자료수집과 방법론

당신이 현상학적 방법으로 자료를 분석하고자 하는 상황에서 자료들이 내포할 수 있는 의미들을 생각하지 않은 채 연구 참여자가 살아가는 세계에 대한 자료를 수집한 다면 어려움에 처하게 될 것이다. 현상학적 방법을 이용하여 자료수집을 할 때는 삶의 세계에 대한 개념은 필수적으로 갖추어야 한다. 당신이 후기 구조주의에 토대를 두고 있다면, 권력과 지식, 담론, 주관성, 침묵, 권력들 간의 관계성에 대한 지식적인 논의를 하고자 할 것이다. 자료수집을 할 때는 이들을 고려하여 계획을 세워야 한다. 상징적 상호작용주의는 당신을 삶에서의 대상, 사건, 행동과 이들을 구성하는 의미 있는 것들에 대한 세계로 데려다 줄 것이다. 당신은 사회적 세계에서 의미들이 구성되는 방법에 대해 초점을 두되, 구성주의적 관점에서 살펴볼 것이다. 당신의 지도교수는 박사학위를 위한 다양한 연구 활동의 특성을 염두에 두고 지도할 것이고, 당신이 방법론에 대해 충분히 파악할 때까지 자료수집을 미루도록 제안할 것이다. 지도교수의 조언을 따르는 것은 유용하다.

🎯 자료수집과 연구방법

당신은 이제 사용하고자 하는 연구방법에 대해 충분히 이해하고 있을 것이다. 사례연구를 하고자 한다면, 그 사례에 대한 다양한 특성을 소재로 하여 작업할 것이고, 자료수집도 이러한 특성을 포함하여 진행해야 한다. 하나의 자료에만 의지하기보다, 하나 이상의 자료를 수집하고자 노력해야 한다. 삼각검증법을 선택했다면, 이를 위한 전략(예: 연구 목적을 달성하기 위하여 사용하고자 하는 기법은 무엇인가?)을 세워야 한다. 사례연구 방법을 적용하여 연구를 설계할 때, 자료수집과 관련하여 고려해야 할 사항은 많다.

담론 분야를 연구하고자 한다면, 권력과 지식의 연쇄, 주관성으로 구성된 담론, 전경화된 담론(foregrounded discourses)과 후경화된 담론(backgrounded discourses), 침묵, 권력 기구, 주관적인 진술을 허락해 주는 권한 등을 알아야 한다. 자료를 수집하기 전에 이와 같은 고려사항에 대해 준비해야 할 필요가 있다.

문화기술지 연구를 하고자 한다면, 사회 집단 내에서 연구자의 위치를 결정해야 한다. 당신은 그들과 함께 살 수도 있고, 규칙적이거나 불규칙적으로 방문할 수도 있다. 당신의 결정이 어떠하든, 다양한 방법으로 자료를 수집해야 할 필요가 있으며, 연구방법을 원활히 다룰 수 있도록 연구방법에 관하여 완벽하게 이해하고 있어야 한다.

다양한 연구방법에서 동일한 기법을 사용하고 있듯이, 이 연구방법에 꼭 이 기법을 사용해야만 한다는 법칙은 없다. 면담은 사례연구에서 사용하기도 하고, 담화분석에서도 사용하기도 하며, 또 문화기술지나 내러티브 탐구에서 사용할 수도 있다. 문서분석과 다른 기법들도 마찬가지로 다양한 방법론과 연구방법에서 사용될 수 있다. 자료수집에서 문제가 되는 것은 기법 자체가 아니고, 기법이 사용되는 방법이라는 것이 중요하다. 특히 다양한 기법이 함께 사용된다면 연구방법에 적합하게 사용될 수 있도록 주의를 기울여야 할 필요가 있다.

당신이 특정 집단을 연구하고 있다고 가정해 보자. 연구를 수행하기 위한 방법론이나 연구방법은 다양하게 선택할 수 있도록 열려 있다. 이는 당신이 사용하기에 적합한 방법론과 연구방법을 결정하여 당신이 연구하고 있는 것에 대해 가능한 한 완벽한 그림을 그려 낼 수 있도록 보장하기 위함이다.

사례연구의 특성으로 미루어 볼 때, 조직에서 지정된 책임자나 부서와의 면담뿐만 아니라 다양한 출처의 자료를 필요로 한다. 담화분석의 특성으로 미루어 볼 때, 당신은 조직이 처해 있는 담론적 분야의 특징을 그려 낼 수 있어야 한다. 문화기술지 연구의 특성을 고려하면, 소속된 집단의 사람들과 관련된 더 많은 문화적 · 사회적 특성을 묘사해야 한다. 내러티브 탐구를 선택한다면 조직 구성원들이 지닌 이야기 속의 서로 연결된 요소들을 암시할 수 있어야 한다. 중요한 것은 당신이 어떤 방법으로 연구를 하고 있든지 간에 삼각검증법의 관점을 지니고 수행한다면 다양한 출처의 자료를 수집하는 것에 관심을 갖게 될 것이다.

자료수집과 기법

방법론과 연구방법에 구애받지 않고 특정 집단에 대하여 연구를 수행하기 위해 다양한 원천으로부터 자료를 수집할 때, 당신이 사용할 수 있는 다양한 자료수집 기법을 살펴보자.

- 당신은 면담한 부서 책임자들의 직원들과도 면담을 실시할 수 있다.
- 부서에서 제작하거나 제공한 것을 사용한 사람들과 면담을 실시할 수 있다. 당신은 이 부서에서 제작된 문서(연간 보고서, 웹 페이지, 소셜 미디어의 글, 광고나 홍보물)에 접근할 수 있다.
- 부서 내 또는 부서와 관련된 공문, 전자메일, 트위터와 같은 공식적인 문서나 비공식적인 문서를 살펴볼 수도 있다.
- 일지나 저널은 당신이 필요로 하는 자료의 원천을 제공할 수 있다. 윤리적으로 승인된 접근인지를 고려해야 한다.
- 연구에 관련된 사람들을 면담하는 것 이외에 설문조사를 할 계획이라면, 인쇄물, 오디오, 컴퓨터 중 무엇으로 할 것인지 생각해야 한다.
- 사진이나 동영상으로 자료를 수집하고자 한다면, 부서 책임자들의 활동을 수집할 것인지, 다른 직원들의 활동도 함께 수집할 것인지 생각해야 한다.
- 오디오나 비디오로 자료를 수집하고자 한다면 부서 책임자들, 직원들, 생산물과 서비스, 그들이 제공하는 것 등 어디까지 수집할 것인지 생각해야 한다.
- 면담, 사진과 동영상, 문서, 현장 노트와 함께 관찰과 같은 요소들을 추가하여 자료를 수집할 것인지 생각해야 한다.
- 현장 노트가 1차적인 자료의 원천이라면, 현장 노트와 함께 사진 자료 등을 추가할 것인지, 아니면 이 두 가지의 자료로 충분한 것인지 생각해 보아야 한다.
- 연구과정에서 나타난 아이디어 또는 통찰 등을 기록한 내용은 수집된 자료들과 부합해야 한다.
- 당신이 에믹(emic)과 에틱(etic) 관점에 대한 당신의 위치를 고민할 때, 연구자인

당신 자체가 수집되는 자료의 부분이 될 수 있다. 당신 자신이 연구 대상인 집단의 일부인지 아니면 완전한 외부자인지 고민해 보아야 한다. 당신은 내부자적 입장으로 연구 질문을 제공하고 자료를 얻을 것인지 아니면 외부자의 입장으로 연구 질문과 자료에 관하여 집단 내 사람들과 이야기를 나누고 자료를 수집할 것인지 고려해야 한다.

이 고려사항들은 당신이 자료수집을 시작하기 전에 결정해야 할 필요가 있다. 뿐만 아니라 진행했던 사항들과 자료수집이 어떻게 연관되어 있는지에 대하여 심사위원들에게 설명해야 한다.

자료수집을 위한 도구

당신이 사용하는 자료수집 기법이 무엇이든지 간에 실질적으로 중요한 것은 자료수집 도구이다. 당신이 면담 기법을 사용하게 되면 면담 자체가 자료수집 도구가 된다. 설문조사, 질문지, 오디오나 동영상 등도 마찬가지이다. 자료수집을 위해서는 그 도구를 무엇으로 할 것인지 확실하게 결정해야 하고, 연구 참여자에게 적용하기 전에 예비조사 차원에서 사전적으로 적용해 보는 것이 바람직하다. 사용할 자료수집 도구를 사전에 적용해 보는 것은 자료수집 도구의 예측하지 못한 문제들을 다룰 수 있게 해 준다.

글쓰기의 예시

다음의 예시는 박사학위 후보자가 자료수집에 대한 문제를 논의한 것이다.

단락의 내용을
확립하는 주제
문장으로 시작
하기

→ van Manen(1990)은 연구과정에서 정보나 자료를 얻는 방법이 다양할 수 있지만, 결국 조사를 통해 현상을 밝혀야 한다고 언급하였다. 자료수집은 연구 참여자의 경험, 관찰, 진술 등 다양한 형식을 취할 수 있다. van Manen(1990)은 작품, 일지, 문서나 저널을 통해서도 자료를 수집할 수 있다고 하였다. 정보를 얻는 방법이 무엇이든 간에, 연구의 결과는 연구 중인 현상의 본질에 관한 가시적인 관점을 얻기 위한 것이다(van Manen, 1990). 나는 사례연구 방법을 선택함으로써 ◄ 자료수집을 위하여 다양한 방법을 이용하고자 하였고(Hamel, Dufours, & Fortin, 1993), 이를 통해 사례를 분석하고 구조화하고자 하였다. 자료수집을 위한 도구 ◄ 로 개방형 설문조사, 집단면담, 연구 일지를 사용하였고, 이들은 사례연구 논문을 구성하는 기초가 되었다.

가능한 자료수집
방법 언급하기

자신의 자료수집
에 대해 언급하기

질문지에 대해
구체적으로 설명
하고 제한점을
언급하기

→ 질문지: 질문지는 연구의 분석을 위하여 수집한 초기 자료를 바탕으로 만들어졌다. 질문지에 대한 연구 참여자들의 응답은 연구 자료의 원천이 되었다. 나는 이 응답들을 읽고 또 읽으면서, 응답 내용에 나타나는 주제와 패턴들을 확인하고자 하였다. 이 자료에 집중하면서 어려웠던 점은 질문지의 내용이 연구 참여자들이 가진 경험의 핵심에 도달할 수 있게끔 충분히 깊이 있는 내용을 제공하지 못했다는 것이었다.

나는 질문지를 통해 수집된 자료의 특성을 고려하여, 다른 형태의 자료수집 방법을 함께 사용함으로써 그 자료에 대하여 더 깊이 있게 이해하고자 하였다. 나는 ◄ 집단면담이 이를 가능하게 할 것이라고 생각하였다. 집단면담을 위한 질문을 개발하기 위하여 수집된 질문지에서 확인된 주제와 패턴을 사용하였다. Silverman

또 다른 자료수집
형태로서의 집단
면담 언급하기

집단면담의 장점
에 대한 근거로
선행 연구 문헌
언급하기

→ (2001)은 집단면담이 관찰보다 더 **빠르게** 자료를 수집할 수 있다고 하였으며, Flick(2002)은 집단면담의 '상호작용적인' 특성을 강조하였다. 집단면담을 사용함으로써 수집한 자료를 풍부하게 할 수 있었으며, 질문지와의 상호작용을 통해 더 **빠르게** 자료를 생성할 수 있었다. 나는 4개 집단을 대상으로 집단면담을 실시하였다.

심사위원에게
어떻게 수행하였
는지를 설명하기

→ 집단면담에 참여해 주기를 요청하는 초대편지를 보냈다. 첫 번째 집단에는 8명, 두 번째와 세 번째 집단에는 각각 10명씩, 네 번째 집단에는 7명으로 총 35명이 연구 참여자로 선정되었다. 각 연구 참여자는 약 1시간 30분 동안 진행되는 집단면담에 참여하도록 초대받았다. 각 집단들을 일관성 있게 관리하기 위하여 4개 집단에 동일한 사회자가 참여하여 진행하였다. 윤리적인 이유로 외부 사회자를

통해 진행하는 것으로 결정하였고, 이와 관련된 내용은 다음 단락에 제시하였다. 나는 사회자에게 집단면담을 진행하기 전 간단한 설명과 함께 개방형 질문 목록을 제공하도록 요청하였다. 이 질문 목록은 내가 질문지를 통해 수합한 자료를 읽고 또 읽으면서 확인했던 주제와 패턴을 반영하는 것이며, 이 자료의 검토를 통해 생성된 종합된 결과라고 할 수 있다. 사회자가 각 집단에서 질문을 제공할 때, 연구 참여자들의 경험 및 어려움과 관련된 이야기일 경우 보다 더 자세하게 이야기하도록 요청하고, 질문에서 벗어나는 것을 허용하도록 하였다. 집단면담은 녹음되었으며, 아래에 언급한대로 이를 전사하였다. Thompson(1996)은 사회자가 작성한 메모보다 녹음된 자료가 더 풍부하고 깊이 있는 자료를 제공해 줄 수 있다고 하였다. 녹음 자료는 면담 내용을 다시 살펴볼 수 있도록 하였고, 연구 참여자가 언급한 내용의 세부적인 사항을 확인할 수 있도록 하였다. 나는 이를 반복하여 들으며 전사본을 보완할 수 있었다(Silverman, 2001).

> 집단면담 절차의 세부사항 언급하기

> 녹음 자료의 사용 언급하기

자료로서의 일기 또는 일지: 일기나 일지는 편지나 다른 개인적인 의사소통 등을 포함하는 것으로, 자료의 원천이 될 수 있다(Silverman, 2001). 이는 풍부한 자료를 제공해 줄 수 있으며, 질적연구의 자료수집에서 가치 있는 기록으로 여겨진다. 나는 연구과정의 일부로 연구 일지를 계속 작성해 왔다. 이것은 연구에 포함된 자료의 한 형태라고 볼 수 있다. 연구 일지는 내가 7년이라는 연구 진행기간에 대한 개인적인 관찰을 기록한 것이다. 이는 내가 아이디어를 생성하고 그 사례에 대해 "직감"(p. 77)을 발전시키는 데에 도움이 되는 현장 노트의 형식을 취하고 있다(Bryman, 2009). 일기 또는 일지는 [조직 문화]에 대한 주관적인 관찰뿐만 아니라 연구자 자신과 다른 사람들과의 비공식적인 상호작용에 대한 글을 포함한다.

> 자료수집의 방법으로 연구자 자신과 일기 또는 일지를 포함하기

나는 "자연스럽게 발생하는" 자료의 장점을 취하고(Silverman, 2001, p. 286), 이를 연구 참여자의 경험을 알아보고 해석하기 위한 자료로서 연구에 활용하였다. 나의 일기 또는 일지 자료들을 사용할 때, 내가 처한 상황과 연구 참여자들과의 상호작용 및 관찰 등을 통해 자연스럽게 생겨난 자료는 주관적인 시선과 연구 참여자들의 영향을 받을 수 있다는 Silverman(2001)의 주의사항을 고려하였다. 나는 질문지와 집단면담을 통해 생성된 풍부한 자료에서 뽑아낸 주제와 관련되거나 뒷받침할 수 있는 자료를 나의 일기 또는 일지에서 발췌하여 사용하였다. 다음 문단에서 질문지 자료, 집단면담 전사본과 자료, 나의 일기 또는 일지를 통해 수집한 자료의 분석을 위한 전략에 대하여 논의하겠다.

> 외부자와 내부자 관점에 대한 고려 사항 언급하기

> 다양한 자료수집 방법에 대한 이야기로 마무리하기

> 다음 단락 안내하기

🎯 '글쓰기의 예시'에 대한 해설

이 예시는 박사학위 후보자가 자료수집의 기법에 대한 문제를 어떻게 다루는지를 보여 줄 뿐만 아니라, 문헌을 인용하여 뒷받침한 학문적 논의를 통해 연구자의 학술적 위치를 유지하는 방법을 함께 보여주고 있다. 또한 단락의 시작 부분에서 자료수집에 대한 명확한 주제 문장과 함께 **이야기의 원칙**(The Fairy Tale Principle)이 적용되고 있고, 다음 문장에 자료수집의 다양한 범위에 대한 설명과 자료수집 방법의 확장에 대한 내용이 나타나 있으며, 마지막으로 다양한 자료의 사용에서 생산된 자료의 깊이에 대해 언급하고 있다. 이 예시에서 주목할 만한 특징은 이후에 어떤 내용이 나타날지에 대해 심사위원에게 안내하며 방향을 제시하는 마지막 문장이다(2단계 참조).

🎯 표현상의 유의점

여기에서 사용되는 단어는 매우 간단한 형태이다. 여기에는 철학적, 방법론적, 연구방법 질문들이 연관되지 않는다. 철학적, 방법론적, 연구방법 질문들은 이미 앞에서 작성한 것으로, 이 단계에서는 지금까지 다루어져 온 질문에 대한 대답의 이해를 기반으로 한다. 지금 작성되는 것은 실행에 대한 내용이며, 과정과 절차에 대해 심사위원에게 구체적으로 설명하는 내용이다.

🎯 추천도서

앞에서 제시된 내용과 관련하여 논문에 작성하는 데 있어 다음과 같은 저서를 참고할 수 있다.

- Hamel, Dufor와 Fortin(1993)의 『Case Study Method』는 사례연구 방법에 대한 구체적인 논의를 담고 있으며, 기법, 자료수집, 자료분석에 대한 적절하고 다양한 내용을 다루고 있다.
- Bryman(2009)의 『Social Research Methods』는 자료수집과 자료분석에 대한 쟁점을 다루며 사회 연구 분야의 일반적인 내용을 담고 있다.
- Silverman과 Flick의 저서 역시 참고하기 좋은 자료로 종종 추천된다.

◎ 결론

이 단계에 이르게 될 때쯤이면 당신은 박사학위를 위한 진행 과정의 마지막에 다다르고 있다고 볼 수 있으며, 당신의 언어 또한 보다 더 학술적으로 변하였을 것이다. 당신은 연구 수행의 세부사항에 초점을 맞추고, 연구를 시작할 때부터 자문을 구하고 당신의 논문에서 말하고자 하는 모든 것에 기초가 되는 학술적 위치를 유지할 것이다. 이제 남은 작업은 전사본을 만들고 다양한 자료에서 도출되는 패턴을 확인하고 그것들을 방법론에 비추어 학술적 논의를 하는 등 그 안으로 들어가는 것이며, 이는 당신을 매 단계 더 높이 이끌어 줄 것이다.

✎ 유용한 정보 8

당신이 자료수집 단계에서 녹음이나 녹화를 할 때는 자신의 장비가 잘 작동하는지 확인해야 한다. 기록을 하러 가기 전에 장비가 잘 작동하는지 확인하고, 장비가 배터리로 작동되는 것이라면 여분의 배터리를 챙겨야 한다. 램프, 전기선, 멀티탭 등 다른 부품들도 마찬가지이다. 최신의 디지털 녹음 장비들은 성공적인 녹음을 할 것이라고 기대되지만, 머피의 법칙은 어디에든 있다. 장비가 제대로 작동하지 않는다면 면담에서 두 번째 기회를 얻지 못할 수도 있고, 연구자로서 좋지 않은 모습으로 비춰질 수도 있다.

자료분석

🎯 자료분석 시작하기

자료를 수집하였다면 분석을 시작해야 한다. 자료분석은 질적연구자가 유형을 발견하고, 주제를 확인하고, 다양한 현상과 생각 간의 관계성을 찾아내고, 이를 설명하고, 연구에 기반을 이루고 있는 이론에 비추어 해석하기 위하여 자료를 살펴보는 것을 의미한다.

박사학위논문에서 자료분석 부분을 준비하기 위하여 해야 할 일들이 많이 있으며, 심사위원에게 이와 관련된 모든 사항을 설명해야 한다. 이 단계에 접어들었다는 것은 끝이 보인다는 뜻이다. 당신은 아마 다른 단계들을 능숙하게 마무리 짓고자 다른 단계들에 관한 자료들을 여전히 읽고 있을 것이며, 이로써 박사학위논문의 한 고비를 넘기게 될 것이다. 이론에 대해 읽었던 자료들은 이제 그 자체가 자료로 적용된다. 그런데 자료분석 작업을 완수할 때까지 당신은 자료를 가지고 있는 것일 뿐이며, 새로운 지식을 창출한 것은 아니다.

자료분석에 들어가기 앞서, 자료를 분석하기 위해 자료를 어떻게 조직하였는지를 설명해야 할 것이다. 어떤 박사학위논문 심사 신청자들은 자료에 나타나는 주제, 단어, 개념, 행동, 절차 등의 유형을 확인할 수 있도록 도와주는 소프트웨어 프로그램을 사용하기도 하는데, 이와 같은 프로그램은 주제, 단어, 개념, 행동, 절차 등의 유형이 수집된 자료 전반에 걸쳐 규칙적으로 또는 비규칙적으로 흩어져 있는 분포를 보여 주는 것이다.

NVivo를 사용하면 내가 도출한 매트릭스 시리즈나 수집된 자료의 각 기법에 대한 매트릭스의 자료로부터 나타나는 주제와 유형을 확인할 수 있다. 이는 개인면담과 집단면담 자료에 대한 요점을 확인할 수 있게 해 준다. 이 시점에서 나는 개인과 집단면담 자료에 나타나 있는 공통점과 차이점을 확인하기 위하여 단일 매트릭스를 살펴보았다. 이때 문서 자료와 주제와 유형에 관한 나의 연구일지 내용들을 다시 살펴보았다. 이와 같은 과정을 통해 결과적으로 분석해야 하는 경험들이 걸러지게 되었다.

또 어떤 박사 후보자들은 발견한 유형들에 대한 기록을 컴퓨터로 정렬하기 위하여 스프레드 시트와 같은 간단한 도구를 사용하기도 한다.

나는 질문 응답을 통해서 van Manen(1990)이 제시한 생활 세계의 네 가지 실존체 중 체험된 공간, 체험된 시간, 체험적 타자의 세 가지 범주로 구성하였다. 체험된 몸은 4장에서 논의했던 이유로 인해 다루지 않았다. 나는 엑셀 프로그램을 사용하여 응답을 정리하고 이를 설명하기 위해 원그림과 도표 형식의 시각적 이미지를 사용하였다.

또 어떤 박사학위 후보자들은 컴퓨터를 사용하지 않기도 한다. 큰 종이에 인쇄된 전사본과 문서를 가위로 자르고 테이프로 붙여서 사용하기도 한다. 인쇄물에서 주제와 유형을 나타내는 부분을 잘라서 연구에 관한 다양한 주제어 아래에 붙이는데, 큰 종이를 벽에 붙이고 작업을 하기도 한다.

나는 방 벽에 네 장의 큰 전지를 붙였는데, 각 종이는 문서 자료 탐독과 수집된 자료에서 제안된 각 범주를 위한 것이다. 유형과 주제가 명확해졌을 때, 나는 그 도출된 주제를 포함하는 범주어를 종이에 썼다. 더 나아가 자료의 세부사항을 검토하기 위해 색펜으로 표시해 놓은 문구들에서 하위 범주를 도출하였다. 내가 10년 간의 서신들을 검토하는 동안 반복적으로 언급되었던 쟁점들과 강조 표시를 해 놓은 것을 토대로 각 페이지의 하위 범주를 도출하였다. 하위 범주 아래에는 그 쟁점에 대한 연구 참여자들의 경험을 집단화하여 설명하고자 그 부분을 오려서 붙여 놓았다.

박사학위 후보자들마다 자료를 조직화하는 각자만의 독특한 방식이 있다.

연구 참여자들이 묘사했던 생활 세계를 그려 내기 위해 사용한 종이에 공통적으로 나타나는 현상들과 이 현상들 간의 관계를 밝히기 위하여 핵심 인용문과 구절을 직접 손으로 기록하였다. 그 문장을 읽고 또 읽음으로써 범주와 범주 간의 관계에 대한 줄거리를 그려 낼 수 있었다.

다음은 Foucault의 후기 구조주의 이론을 기반으로 하여 자료를 분석하고 조직하는 방법을 설명한 것이다.

모든 자료가 생성되면 그것을 어떻게 해서든 자료를 조직해야 한다. Foucault (1974)는 종류가 다른 담론적 특징(예: 광기와 신체 등)을 분석하는 데에 도움을 줄 수 있는 분류의 기준(grids of specification)을 제안하였다(p. 49). 그는 이와 같은 기준을 사용한다면 자료로서의 담론이 어디에서 어떻게 '나누어지고, 대조되고, 연관되고, 재편성되고, 분류되고, 다른 것들로부터 파생되는지'를 파악할 수 있다고 하였다. 나는 Foucault의 관점을 연구에 적용하기 위하여 담화분석의 일부에 그 기준을 적용하였다.

나는 방대한 양의 자료를 체계적으로 다루기 위하여 12개의 기준을 수립하였다. 이 과정을 처리하기 위하여 컴퓨터를 사용하고자 하였으나, 깊이 있는 분석이 이루어지기 어려울 것이라 판단되어 사용하지 않았다. 나는 단순한 명명이 아닌 연구에서 중점을 두고 있는 일반화 전략으로서의 명명과 분류를 사용하고자 하였다. 시간적인 제한을 가지고 있음에도 불구하고 컴퓨터를 활용하여 반복되는 단어나 문구를 찾아 정렬하는 것은 이 연구의 제한점이 될 것이라고 생각하였다. 기준이 마련됨으로써, 명명과 분류를 하기 위해 내가 중점을 두고 있는 전략의 요점을 확인할 수 있었다. 사람들이 일반적으로 이해하기 쉽게 틀이 잡혔고, 담화들이 그 명명과 분류 안에서 있다가 지워지기도 하고, 합쳐지기도 하고, 나누어지기도 했다. 침묵이 발생하는 지점과 다른 사람에게 발언권이 넘어가는 지점 등을 확인할 수 있었다. 예를 들어, 세계화에 기반을 둔 기준은 자본주의 관행을 나타내는 담화들에서 신호, 상징, 고객(사람)의 개념을 불러일으키고, 정책에 기반을 둔 기준은 세계화의 개념과 여기에서 눈에 띄게 두드러지는 점을 불러일으켰다. 결론적으로 내가 추구한 것은 Foucault(1973b)가 언급한 "지식의 일반적인 배열을 정의하는 관계성에 대한 견고한 기준"으로 묘사하는 것이다(p. 74). 나는 자료들을 읽으면서 떠오르는 문제나 질문, 반복되어 나타나는 주제를 주제어로 선정해 기준을 구성하였다. 이러한 기준의 사용이 담화에 내포된 네트워크 구조가 보이게 하는 것은 아니었다. 기준은 자료를 용이하게 분석할 수 있도록 개발하고, 연구를 진행하는 동안 담화를 분석하고 도출된 문구를 탐구하는 데에 끈을 놓치지 않게 도와주며, 담화 자료 중 인용할 것들을 찾아내기 위한 자료 관리 도구라고 할 수 있다.

이와 같은 모든 활동은 자료를 체계적이고 조직화된 방법으로 다루었음을 입증하기 위함이다. 당신이 어떠한 방법으로 자료를 분석하였는지, 연구에서 사용한 이론에 따라 체계적인 분석을 위하여 원자료를 어떻게 조직하였는지에 대하여 심사위원이 정확하게 이해할 수 있도록 구체적으로 설명해야 한다.

🎯 자료분석과 방법론

당신이 선택한 방법론은 연구의 이론적 기반이 된다. 당신이 후기 구조주의를 취한다면, 자료 내의 담화, 담론, 장, 정상화, 진실의 체계, 권력과 지식의 관계, 침묵 등에 따라 자료를 분석할 것이다. 현상학을 사용한다면, 삶의 일반적인 체험, 체험적 자아, 체험적 공간, 체험적 시간, 체험적 타자를 통해 연구 참여자들의 생활 세계를 입증하는 방식으로 자료를 분석할 것이다. 상징적 상호작용주의는 당신이 연구 참여자의 세계에서 의미 있는 상징들의 해석에 따라 자료를 분석할 것이라는 의미를 지니고 있다. 사회적·문화적 의미의 구성을 나타내는 자료는 해석과정에서 사용하는 용어가 된다. 당신은 더 넓은 사회 세계로부터 나온 개인의 사회 세계에서 도출된 의미 있는 상징에 관한 개인의 응답에 중점을 두어 자료를 분석할 것이다.

글쓰기의 예시

다음은 박사학위논문에서 자료의 분석을 이끌어 내는 이론적 논의를 압축 요약하여 재현한 것인데, 이는 자료를 다루기 위해 이론을 끌어들이는 방식을 설명해 준다.

[자료분석이 무엇인지에 대해 설명하기]

나는 연구 참여자의 생생한 경험에서 비롯된 체험적 시간, 체험적 공간, 체험적 타자, 체험적 자아와 관련된 자료로부터 도출된 주제에 초점을 맞추었다. van Manen(1990)은 생활세계의 실존체인 체험적 시간을 시계로 측정한 객관적인 시간이 아닌 주관적인 시간이라고 하였다. 이것을 '세상을 사는 우리의 시간적 방식'이라고 하였는데, van Manen(1990)은 체험적 시간이 몸을 통해 체험된다고 주장하였다. Merleau-Ponty(1962)는 과거와 미래의 경험이 몸을 통해 이루어지고, 이것이 세계에서 시간적 경험의 기초가 된다는 체험적 시간에 관한 중요성을 강조하였다. Sartre(1956)는 시간성이란 "자아의 구조"를 필요로 하고(p. 195), 이런 의미에서 과거와 현재와 미래를 연구하기 위하여 현상학으로 돌아가는 것은 존재 자체로서의 초점으로 나타난다고 쉽게 풀어 이야기하였다. 이 점을 고려하여, 나는 존재 자체에 관한 시간성을 고려하였고, 살아 있는 경험을 통해 체험된 시간의 맥락에 초점을 맞추어 연구를 진행하였다.

[현상학과 관련된 자료분석의 입장과 태도 설정하기]

[관련 문헌에서 도출된 학문적 내용 논의하기]

[논의에 연구자의 입장 기술하기]

여기에서 연구자는 연구 참여자들의 체험적 시간의 개념에 대한 자료를 제시하였다. 또한 체험적 공간에 대한 자료를 분석하기 전에 현상학에 대한 이론적 논의들을 앞에서와 같이 유사하게 제시하였다.

중점을 두는 이론의 특징 언급하기 ▶ 공간에 대한 전통적인 개념은 장소 간의 길이와 높이, 거리와 관련이 있다(van Manen, 1990). Heidegger(1962)에 따르면 "대상에서 발견되는 것"이 아닌 대상 자체가 "공간적이라는 것"이다(p. 146). 즉, 생생한 경험의 의미와 이해를 제공할 수 있는 공간에 대한 경험 또는 공간과의 만남이지, 공간 자체만은 아니다. 생활세계의 실존체에 대한 맥락에서 체험적 공간은 명확한 경험이 아닌 경험을 회상할 때 의식적으로 생각할 수 있는 전언어기 수준의 경험과 같다(van Manen, 1990). 이는 사람이 존재하고 있는 공간에 대한 경험이다(van Manen, 1990). 체험된 공간의 맥락에서 살아 있는 경험은 연구 참여자가 스스로를 발견할 수 있는 공간에 두는 것을 의미한다. ◀ 이 연구에 관하여 논의하기

다음은 체험적 타자의 이론적 개념에 관하여 광범위하게 분석하고 있다.

자신의 연구가 의미 있음을 밝히기 ▶ 나는 van Manen(1990)이 제시한 생활세계의 실존체인 체험적 타자에 중점을 두었는데, 체험적 타자의 개념에서는 "우리가 다른 사람과 공유하는 대인관계의 공간에서 다른 사람과 유지하는 살아 있는 관계"를 중점적으로 다룬다(p. 104). 연구자는 _____의 살아 있는 경험에 대하여 또 다른 범위의 도전을 나타내는 생활세계 실존체에 비추어 자료를 분석하였다. 이 장에서 연구 참여자들이 살아 있는 경험에서 체험적 타자와 관련하여 직면하는 경험과 도전에 대하여 논의하였는데, 이는 사람이 의미 있는 관계를 통해 서로 연결된 세상에 존재한다고 보는 Merleau-Ponty(1962)가 제안한 관점에 바탕을 둔다. 이를 고려하여 자료분석을 한 결과, 나는 이 분야에 관련된 기존 연구에서 제시하지 못했던 통찰을 제시할 수 있었다. 타인에 대한 경험에 대해 Sartre(1956)는 인류가 자신과 타인으로 드러나고 이는 인간으로서의 정체성을 지닌 타인의 살아 있는 경험과 연관된다고 하였다. 이것이 내가 분석에서 중점을 두고 있는 체험된 타자에 대한 개념이다. ◀ 관련된 논의를 계속해서 이어가기

체험적 자아에 대한 이론적 논의는 자료분석 마지막 부분의 토대가 되었다.

나는 van Manen(1990)이 체험된 자아라고 확인한 생활세계의 실존체에 중점을 두었다. 특히 체험적 자아의 정서적인 면에 초점을 맞추었다. 정신은 신체에 존재하고 불가분하게 정신과 신체가 연결되어 있다는 인간 지각에서 정신과 신체의 두 가지 면에 다 영향을 미치는 물리적이고 감각적인 면에 초점을 맞추었다. 본 연구에서 체험된 자아는 연구 참여자가 그들의 살아 있는 경험의 일부로 바라

> 자료분석의 태도,
> 어조, 방식을 유지
> 하기

보는 신체적 · 정서적 · 사회적 변화의 반영이다.

Merleau-Ponty(1962)는 신체가 근육, 피부, 뼈 등으로 구성되어 있지만, 또한 삶의 세속적이거나 인간적인 면으로도 구성되어 있으며, 정신과 얽혀 있다고 하였다. 또한 Merleau-Ponty(1962)는 신체의 감각운동 기능과 고의성을 통해 해석되는 세계에서 인류는 신체적인 것이라고 해석하며 체험적 몸을 제안하였다. 본 연구의 체험된 자아에 대한 주제들은 특히 연구 참여자들의 감각적인 경험과 관련되어 있다. 특히 정서는 연구 참여자들의 경험에 대하여 기술하고, 연구 참여자들이 자신의 경험을 살아 있는 경험으로서 어떻게 이해하는지가 중요한 역할을 한다.

마지막 단계의 자료분석은 이론에 영향을 받고, 각 단계는 이 연구에서 사용한 현상학적 방법론을 따른다.

🎯 '글쓰기의 예시'에 대한 해설

박사학위 후보자는 방대한 양의 자료가 방법론에 근접하여 분석되었는지를 최대한 꼼꼼하게 확인해야 하며, 심사위원들이 자료분석 방법에 대한 의문을 품지 않도록 해야 한다. 당신은 박사학위논문 수준에 부합하는 방식으로 이론과 자료를 통합하고 이에 대한 초점을 잃지 말아야 한다.

🎯 표현상의 유의점

- 논의를 위하여 확인된 주제를 언급할 때: '나는 ～에 중점을 두었다.'
- 논의에 바탕이 되는 이론을 언급할 때: '나는 ～에 중점을 두었다.'
- 주장이 연구자의 의견이나 믿음에 기인한 것이 아닌 자료에 기인한 것임을 분명히 할 때: '자료는 ～를 나타낸다.'
- 묘사, 경험, 글 등 사용되는 모든 자료: '연구 참여자'
- 연구자의 주장에 대한 근거를 제시할 때: '면담의 전사 자료는 ～을 나타낸다.'

🎯 추천도서

지금까지 살펴보았던 개론적인 내용의 일반적인 저서와 구체적인 내용을 담은 저서를 참고할 필요가 있다. 다음에 유용한 자료가 소개되어 있다.

- Grbich(2013)의 『Qualitative Data Analysis』는 시간이 흘렀음에도 불구하고 건재한 저서이다. 2006년에 초판이 나왔으며, 현재는 2판이 출판되었다. 특정 방법론의 자료분석에 대해 각각 다루고 있다.
- Bell(1995)의 『Doning Your Research Project』에서 '증거의 해석과 제시(Interpretation and Presentation of the Evidence)'라는 장이 참고하기에 유용하다.
- 다른 사람의 논문 또한 당신이 무엇을 해야 하며, 어떻게 글쓰기를 해야 하는지를 참고하기에 좋은 예시가 된다.

🎯 결론

　자료를 수집하고 발견하고 이를 읽으면서 유형과 주제를 발견하는 것은 거부할 수 없는 매력일 것이다. 이는 학위논문 작성 과정에서 가장 즐거운 일 중 하나이다. 이때 당신이 이론적인 부분을 고려하지 않고 뛰어드는 것은 심각한 문제를 야기할 수 있다. 이론적 배경에 토대하여 자료를 다루는 것은 불가분의 관계로, 숙달된 이론적 배경을 토대로 자료를 다루는 것은 당신이 성공적으로 박사학위논문을 작성할 수 있게 도와줄 것이다.

✏️ 유용한 정보 9

연구 참여자로서 연구에 기꺼이 자원하는 사람들을 기억하고, 연구 참여자가 제공해 주는 자료를 연구에 사용함으로써 연구 참여에 대한 존중을 표현할 수 있다. 이것은 면담, 설문조사, 질문지, 저널, 대화 등 연구 참여자가 나타낸 모든 표현을 사용해야 한다는 의미가 아니다. 최소한 연구 참여자가 아낌없이 제공한 자료의 일부라도 반드시 사용해야 한다는 것을 의미한다.

결론 및 제언

🎯 왜 결론을 도출하고 제언을 하는가

이 단계에 도달하였다면, 당신은 박사학위논문과 관련하여 '그래서 그다음은?'이라는 질문에 봉착하게 된다. 대학원생 수준으로 연구 프로그램을 설계하고 수행할 수 있다는 것을 보여 주는 것만으로는 부족하다. 당신이 도출한 새로운 지식으로 논리적인 주장을 할 수 있다는 것을 보여 주어야 한다. 또한 도출한 새로운 지식이 어떻게 이 분야에 기여하는지와 왜 이것이 중요한지를 보여 주어야 한다. 당신은 이미 첫 장에서 연구의 중요성에 대한 쟁점을 언급하였고, 이 장은 당신이 연구의 중요성에 대하여 논쟁할 때 그것이 사실임을 뒷받침할 수 있게 해 준다.

🎯 결론 및 제언 시작하기

당신은 당신이 계획한 대로 연구를 성공적으로 이루어 냈다는 것을 입증하고자 할 것이다. 이를 위해서는 당신이 수행한 것을 요약하고 다시 살펴볼 필요가 있다. 당신이 학위논문의 도입 부분을 작성하였다면(어떤 사람들은 이 단계에 이르기까지 도입 부분을 작성하지 않고 그냥 두는 경우가 있다), 다시 살펴보면서 다양한 주장을 선별해 내길 추천한다. 그러면 당신은 결론 및 제언 부분에서 성공적이고 완벽하게 진술을 할 수 있을 것이다. 당신은 논문의 처음과 마지막의 진술이 일치되게 함으로써 논문을 더 탄탄하게 만들 수 있다.

기존에 존재하는 지식 전반에 중요한 기여를 하고자 하는 생각을 가지고 연구를 시작했다는 것을 기억하면서, 당신이 어떻게 연구를 수행해 왔는지를 요약할 때, 당신이 하려고 하는 것이 지식 전반의 매우 작은 부분이라는 것을 깨닫게 될 것이다. 당신의 연구를 통해 드러난 차이처럼, 당신 논문 이외의 다른 논문들에도 또 다른 차이들이 있을 것이고, 당신은 이를 지적하고 주목하며 논의하고자 할 것이다. 당신이 발견한 차이나 제한점들에 대해 제언할 수 있으며, 이러한 제언을 통해 연구를 더 명확하게 나타낼 수 있을 것이다. 당신은 연구자로서의 입장을 유지할 수 있고, 당신의 결론과 제언에서는 이 논문에서 사용해 왔던 같은 목소리로 나타낼 수 있다.

🎯 글쓰기의 예시

다음의 예시는 한 연구자가 연구의 제한점과 결론 및 제언을 자세하게 다룬 내용이다.

나는 이 연구의 제한점을 인정하였고, 이를 추후 연구에서 다루도록 제안하였다. 이 연구의 제한점은 다음과 같다.

제언으로서의 연구의 제한점 언급하기

첫째, 이 연구는 인구통계학적 요소(장소, 직원 수, 연간 판매량, 사업 분류, 소유권 등)에 기초한 사례들을 포함하고 있지만, 이들은 모두 _____의 인가를 받은 친환경 회사들이었다. 내가 선택한 사례들은 성공적인 _____의 선구자로서 그들만의 분류를 만들었고, 친환경을 추구하고 환경 친화적 개발을 하고 있는 일반적인 업체들을 대표하거나 반영하는 것은 아니다. 추후 연구에서는 연구의 일반화가 가능할 수 있도록 친환경 회사의 범위와 규준을 확장시켜 좀 더 폭넓은 사례를 포함하여 이루어질 필요가 있다.

제한점을 구체적으로 명시하기

제언과 연계시키기

추후 연구의 제언을 위한 학문적 근거 제시하기

둘째, 이 연구는 환경적인 동기, 주주의 신원 확인, 회사의 친환경적 마케팅 체제의 분류체계를 개발하고자 질적이고 귀납적인 연구방법을 사용하였다. 사례연구 방법은 무엇보다 연구 질문에서 추구하는 미묘한 뉘앙스를 탐구하고 심도 있는 이해를 할 수 있게 해 주지만, 다른 산업 현장으로의 일반화를 제한한다. 이 연구의 질문들 중 하나는 수집된 자료가 사용되고 입증되었다 하더라도 연구 참여자(회사 운영자)의 자기진술에 의존했다는 점이다. 추후 연구에서는 다양한 방법으로 자료를 추가 수집하여 연구방법의 삼각검증법(Jick, 1979)을 더 많이 혼합하여 사용할 필요가 있다. 회사 직원들의 집단면담, 친환경 회사가 되도록 영향을 미친 중요한 요소나 이념을 세우는 데에 튼튼한 기반을 만들 수 있도록 해 준 회사와 소비자 간의 가치에 대한 리커트 척도 또는 설문조사와 같은 양적 기반의 자료 등이 이에 해당할 수 있다.

연구 목적에 대한 내용으로 첫 문장 언급하기

이 연구에 대한 학문적 고찰하기

연구질문과 연구방법에 대해 언급하면서 사례연구 방법에 대한 학문적 논의하기

연구가 진행되면서 나타난 차이 확인하기

연구의 진실성 확보 가능성에 대하여 제언으로 확인하기

더 나아가 연구를 수행하는 동안 연구 참여자들(총지배인이나 회사 설립자)의 면담으로 인한 동기부여가 그 회사에 지배적으로 작용했다. 이와 같은 가정이 전형적인 집단 문화에서는 가능할지 모르겠지만, 경제의 발전은 집단주의에서 개인주의로의 가치 이동을 동반한다고 하였다(Hofstede, 1983). McGee(1998)가 지적한 것처럼, 다른 주주로부터 운영자가 압력을 받고 문제를 조정하고 통제할 수 있도록 동기부여가 되는 등 운영자들 간의 갈등이 있을 수 있다. 추후 연구에서는 이 연구에서 수행되었던 사장, 설립자, 총지배인 등 특정 운영자의 구체적인 동기부여보다는 회사 내의 전반적인 동기부여를 측정할 수 있는 실증적인 연구가 이루어져야 할 필요가 있다. 이는 각기 다른 회사 운영자들의 인식과 의견을 수집함으로써 이루어질 수 있다. 자료수집 기법을 떠나, 이 연구가 명확하게

보다 넓은 연구분야에 대한 제언 기술하기

문헌을 근거로 입장 지지하기

구체적 제언 기술하기

연구방법, 타당성, 기법에 근거한 추후 연구 제언하기

제시할 수 있는 결과는 환경적 태도, 운영자(특히 상위 운영자)의 기대와 동기부여 등이 회사의 환경적인 활동과 마케팅 방향을 위한 중요한 역할로 여겨진다는 것이다.

> 이 연구의 중요성으로 마무리하기

> 이 연구의 중요성을 다시 한번 언급하고, 추후 연구를 위한 제언하기

위에서 언급하였듯이 좁은 범위에 초점을 맞추고 경험에 의존한 작업이었음에도 불구하고, 이 연구는 운영, 환경, 마케팅 고려사항과 관련하여 회사가 친환경 마케팅을 인지하고 다루는 방법에 대한 이해에 중요한 기여를 하였다. 이 연구에서 제안된 그린 매트릭스는 회사 전체의 환경적 공정(주주의 신원, 다른 동기부여 가능성, 친환경 접근의 가능성과 마케팅 실행, 이에 영향을 미칠 수 있는 행위자와 요소)을 탐구하는 데에 유용하다. 나는 회사의 환경적 공정의 진실성과 일반화 가능성을 추후 연구의 내용으로 제안하고자 한다.

◎ '글쓰기의 예시'에 대한 해설

앞의 예시에서 연구자는 개방적이고 솔직한 태도를 보였다. 연구자는 문헌에 기반을 두되 균형을 잃지 않으면서 풍부한 지식을 나타내며 문헌을 통해 얻은 것이 무엇인지를 반영하는 학자적 태도를 취했다. 연구자는 모든 문제를 해결하고자 하거나 현상을 드러내기 위한 모든 쟁점을 다루는 것을 주장하지는 않았다. 이 분야의 추후 연구 범위를 제한할 수도 있기 때문에 연구자는 구체적인 연구를 제시함으로써 보다 더 완벽하고 포괄적인 연구를 수행하도록 제언하지 않았다는 것이 중요하다. 이는 이 분야에 대한 지적 기여와 관련되기에 중요하다. 동시에 보다 더 중요한 것은 심사위원과 더 많은 연구자들에게 우선적으로 수용 가능한 사례를 제공하기 위하여 주장하는 데에 권위적이고 믿음직스러운 논조를 사용했다는 것이다. 마지막 단락은 연구에 대한 평가를 기술함으로써 심사위원에게 연구 작업에 대한 신뢰와 깊은 인상을 남길 수 있었다.

🎯 표현상의 유의점

- '아래에 나타난 것과 같이, 나는 여전히 직면하고 있는 쟁점들과 연구 결과에 따라 지금껏 진행되면서 수정되어 온 것에 관한 중요한 쟁점을 다루어 왔다.'
- '선정된 연구 장소들을 살펴보면, 나는 특정 집단 연구 참여자로 제한해 왔다.'
- '이 연구 결과를 바탕으로, 환경이나 상황 등과 같은 다른 특성의 연구 참여자들을 포함시켜 비교하는 형식으로 추후 연구가 이루어질 수 있을 것이다.'
- '이 연구는 그들의 직업에 토대를 두고 정책 강령과 교육과정 문서에 명시되어 있는, 학생들을 위해 개발된 기술들과 교사들이 사용한 전략들을 나타내고 있다. 그들의 직업에 토대를 둔다는 것은 아래에 논의된 것과 같이 여전히 수행되어져야 할 필요가 있다는 의미를 지니고 있다.'
- '이 연구의 예상치 못한 결과는 연구 참여자들에게 부정적인 영향을 미쳤으며, 앞으로 이와 같은 쟁점들은 주의 깊게 살펴볼 것을 추천한다.'

🎯 추천도서

학위논문의 결론 작성에 관련한 저서는 당신이 이미 살펴보았던 연구 수행에 대한 일반적인 저서와 안내서들로, 많지는 않지만 특히 참고할 만한 학술지 논문이 하나 있다.

- David Bunton(2005). The structure of PhD conclusion chapters.

🎯 결론

이 단계에 이르렀다는 것은 정말로 축하할 일이다. 대학의 요구에 따라 작성하고

인쇄하고 제출하는, 지루하고 시간이 걸리는 일들이 아직 남아 있기는 하지만, 지금
껏 이 과정들을 해냈으므로 당신은 축하를 받을 만한 자격이 있다. 엄격하고 유효하
게 연구를 수행했다는 증거를 기반으로 작성된 앞의 내용들을 참고하고 싶은 유혹으
로 인해 이 부분은 쓰기 쉽지 않을 수도 있다. 하지만 이 부분은 근거를 대고 따로 증
명을 해야 하는 사례가 아니라 심사위원을 납득하기 위한 것이어야 한다. 결론 부분
을 작성하는 일은 연구에서 중요한 부분이긴 하지만, 작든 크든 이 또한 연구의 한 부
분이고, 연구의 전반적인 그림을 보여 주는 것이 될 것이고, 다른 학자들이 인용하는
부분이 될 것이다. 이 단계에서는 당신이 논문의 앞부분에서 사용했던 것과 같은 학
자적 어조를 유지해야 하며, 당신의 주장을 지지하기 위해 문헌을 인용하고, 구체적
이고 명확한 결론과 제언을 제시해야 한다.

🖉 유용한 정보 10

이 내용은 심사위원이 읽을 마지막 장이 될 것이고, 이는 심사위원에게 깊은 학문적 인상
을 남길 수 있는 마지막 기회이다. 당신은 최고의 기회를 잡아야 한다.

논문 마무리, 제출과 심사

　모든 단계에 성공적으로 도달하고 이 단계에 이르렀음을 스스로 축하하기 전에 당신은 해야 할 일이 있다. 논문에서 아직 완성이 되지 않아 여전히 작성해야 할 부분이 남아 있을 것이다. 이는 연구의 결론을 어떻게 마무리 지을 것인지에 대한 것으로, 아주 중요한 부분이라고 할 수 있다. 많은 박사학위 후보자들은 다른 것들을 모두 작성한 후에 마지막 장을 작성하여 논문을 마무리 짓는다.

논문 마무리하기

　논문 첫 장의 진술이 마지막 장과 서로 관련성을 가지는 것은 논문 완성의 과정이라고 할 수 있다. 첫 장에서는 연구를 시작하기 위한 여러 가지 기반을 제시하였을 것이다. 연구 초기에 이 장을 작성한 당신은 이를 추측에 근거하여 작성하였고, 미처 관련 선행 연구들을 분석하여 구체적으로 반영하지 못하였다는 것을 발견할 수 있을 것이다. 중요한 것은 당신이 이 장을 이미 작성한 경우라면, 학문적인 글쓰기로, 전형적인 논문의 글쓰기로 작성하였는지를 다시 살펴보아야 한다. 왜냐하면 논문을 진행하는 과정 중에 당신의 글쓰기 능력이 향상되었기 때문이다. 논문의 모든 주장은 주장이나 추측이 아닌 문헌에 근거를 두고 있어야 한다. 문헌을 근거로 하여 논문을 작성하는 작업은 당신이 마지막 장에 작성할 주제 및 세부 항목들을 수립하고, 첫 부분에서 언급한 구성을 다시 재현할 수 있도록 해 준다. 이와 같은 방법으로 당신은 논문 첫 장의 내용과 마지막 장의 결론이 연계되도록 할 수 있다.

🎯 논문의 완성과 제출

논문을 제출하고 모든 것이 종료되는 시점을 항상 염두에 둘 필요가 있다. 박사학위 후보자들이 제출 시간 안에 논문을 완성하여 제출하지 못하는 경우를 자주 볼 수 있기 때문이다. 논문을 완성 및 제출하지 못하는 것은 기관이나 환경적인 요소, 재정, 지도교수의 성향, 성별, 인종, 연구자의 성격에 관한 사항(일을 자꾸 미루는 성격) 등의 복합적인 원인이 있다고 볼 수 있다. 이러한 요소들을 잘 관리해야만 기한 내에 학위 논문을 완성할 수 있다. 논문을 기한 안에 제출하지 못하는 현상을 유럽에서는 ABS (All But Submitted) 신드롬이라고 하며, 북미에서는 ABD(All But Dissertation)라고 부른다. 또는 **젤리벽**(the jelly wall)이라고 부르기도 한다. 만약 이와 같은 상황에 처했다면 논문 제출을 방해하는 것이 무엇인지 확인해야 한다. 우리의 경험상 주된 요인 중 하나는 심사에 대한 두려움이다. 많은 박사학위 후보자들은 열심히 공부해 왔고, 많은 노력을 통해 자신의 지식을 더 많이 그리고 더 깊이 향상시켰으나, 심사자들에게 지식이 충분하지 않다고 평가받을지도 모른다고 염려한다. 또는 결과가 기대에 미치지 못하거나 논의가 약할지도 모른다고 염려한다.

당신은 연구를 수행하면서 문제이자 기회인 이와 같은 경우에 봉착하게 되고 해결해 나가는 방법을 터득하게 될 것이다. 어쩌면 기존의 틀이나 관습으로 해결할 수 없는 독특하고 특이한 문제에 봉착하게 될 것이다. 이런 경우에는 동료 연구자들이 연구에 대해 많은 관심을 갖고 궁금해하고 있으며, 그들에게 당신이 만들어 낸 새로운 지식들을 전달함으로써 이 분야의 학문을 발전시킬 수 있다는 것을 떠올리는 것이 도움이 될 것이다. 결국, 새로운 발견들과 지식들을 혼자만 알고 있을 수는 없을 것이다. 문헌에 근거하여 연구를 엄격하게 수행하고, 논쟁에 대한 방어적인 주장과 근거를 준비하면 결국 심사에 통과하게 될 것이다.

🎯 구두발표

여러 나라의 대학은 박사학위 후보자에게 심사 논문을 제출하기 전에 논문에 대하여 발표하도록 한다. 이 과정을 구두발표라고 부른다. 구두발표는 전문가 집단 구성원들에게 자신의 연구를 설명하고 논의하고 설득하는 것이다. 당신은 전문가 집단에게 연구 분야에 대한 당신의 지식은 어느 정도인지, 무엇을 연구했는지, 왜 그 연구를 해야 했는지, 어떻게 연구를 했는지, 연구과정에서 나타나는 어려움을 해결하는 방법은 무엇이었는지 등의 질문을 받게 될 것이다. 이런 질문은 대학의 특성이나 전문가 집단의 개인적 또는 전체적인 성향에 따라 당신의 연구에 반대되는 의견일 수도 있고 그렇지 않을 수도 있다. 기억해야 하는 것은 전문가 집단은 당신의 연구와 그 과정, 계획, 통념에 대하여 심도 있게 이해하고자 한다는 것이다. 이는 개인적인 것이 아니라 더 넓은 연구 공동체와 함께 하는 전문적인 작업인 것이다. 이 단계에서 기억해야 할 것은 당신이 이 분야의 전문가이며, 당신이 이 분야에서만큼은 전문가 집단의 어느 구성원보다 가장 전문가일 수 있기에 편안하게 임하고 신랄한 동료들과의 논쟁을 즐길 수 있도록 해야 한다. 당장은 두려움으로 다가올 수 있지만, 그들은 당신의 적이 아니며, 당신은 이제 막 그들과 동등한 지위에 들어섰다는 것을 기억할 필요가 있다.

🎯 감사와 헌정

당신은 대학에서 요구한 형식의 **논문 제출 신청서**를 제출했을 것이고, 논문을 언제까지 마무리 지어야 하는지를 알고 있을 것이다. 논문 제출 날짜를 정할 때에는 당신에게 주어지는 여러 가지 요구사항을 위하여 사용되는 시간도 고려되어야 함을 기억해야 한다. 논문을 마무리 지을 때는 몇 가지 고려할 사항이 있다. 당신은 지도교수로부터 귀중한 조언과 지원을 받았을 것이고(논문에 지도교수의 학문적 연구들을 참고하고 인용하였을 것이다), 지도교수와 함께 논문의 공식적인 제목을 정하고 연구를 시작했을 것이다. 당신은 지도교수 이외에도, 대학원 사무실 조교, 다른 학생들 등 다른 사람들의 지원을 받았을 것이다. 당신이 연구 수행을 위해서 사람들을 면담하고, 사진 찍고, 녹화하고, 같이 생활하고, 관찰하였다면, 연구 참여자들이 있었기에 이 연구가 있을 수 있었다는 것을 인정해야 한다. 또한 당신이 연구를 진행하는 동안 당신의 뒤에서 당신을 지지해 준 가족과 친구 등 소중한 사람들에게 마음의 빚을 졌다는 것을 알아야 한다. 이와 같이 감사하는 마음을 가져야 하는 사람들에 대한 기준은 있지만, 이를 표현하는 방법에 대한 기준은 없다. 이는 이들을 무시하거나 모욕하는 것이 아니라, 당신이 연구를 하면서 계속해서 함께해 왔던 사람들을 각자의 일상으로 감사히 떠나보내고, 그들에 대한 감사를 과장되지 않게 하기 위함이다.

당신은 이들에게 감사를 표현하는 자리를 마련할 수 있다. 자리를 마련하는 것은 당신이 결정하는 것이고, 거기서 적절한 말로 감사함을 표현할 수 있다.

여기에 예를 제시하지는 않았지만, 이와 관련된 개인적인 감사함을 당신의 논문에 담을 수도 있다. 다른 연구자들의 학위논문들에서 유용한 예시를 찾을 수 있을 것이다.

🎯 편집과 형식 체계화

지도교수가 편집에 능숙하다면 당신은 행운아라고 할 수 있다. 당신 자신이 퇴고에 능한 사람이라고 하더라도, 자신이 쓴 글을 읽고 성공적으로 퇴고하는 것은 불가능하지는 않지만, 자신의 글을 스스로 퇴고하는 것은 항상 어려운 일이다. 당신의 연구를 읽어 줄 다른 편집자의 눈이 필요하다. 만약 편집자를 섭외할 수 있는 입장이라면 편집자를 고용하는 것도 좋은 생각이지만, 모든 사람이 편집 기술에 능한 것이 아니므로 신중해야 한다. 몇몇 대학은 박사학위 후보자(특히 논문을 모국어가 아닌 언어로 작성하는 사람)에게 전문 편집자를 고용할 비용을 지원하는 경우도 있으므로 필요하다면 알아보고 활용하길 추천한다.

당신은 인용과 참고문헌이 맞는지 확인해야 한다. 도서 목록 프로그램을 사용했다 하더라도 한두 개의 오류가 있을 가능성은 있기 때문에 반드시 확인해야 할 필요가 있다. 논문을 출력하여 인용 부분에 형광펜으로 표시하고 하나하나 참고문헌과 비교하며 확인해야 한다. 이 작업은 동료와 함께 하면 훨씬 수월할 것이다.

당신이 학위논문을 작성하면서 일관된 방식을 사용했다면, 클릭만으로도 목차는 완성되어 있을 것이다. 그렇지 않다면 일일이 수작업을 해야 하므로, 시간과 노력이 많이 드는 작업이 될 것이다. 가장 좋은 방법은 문서에서 제목과 소제목에 사용한 워드프로세서의 스타일 기능을 설정하는 것으로, 이런 방법을 사용하면 컴퓨터가 목차를 만들어 준다.

대학은 연구의 독창성과 윤리적 수행에 대한 서명, 학위논문 심사를 위한 준비로서의 지도교수의 승인, 각 페이지 구성 형식(특히 도입부나 부록 부분 등) 등 각 대학마다 준수해야 하는 규준과 이를 적용한 예시가 있다. 또한 각 대학은 심사를 위한 논문을 제본하는 방법과 제본해야 하는 권수를 명시한다. 당신은 이 모든 것을 숙지하고 있어야 하며, 대학의 요구사항을 준수해야 한다.

워드프로세서 프로그램에는 '자동 요약' 기능이 있다. 이는 연구자들이 거의 사용하지는 않지만, 거대한 양의 작업에서 초록을 쓰고자 할 때에 실제로 매우 유용한 역할을 하기도 한다. 주어진 학위논문의 규모와 논문 내의 다양한 차원을 대학에서 명시한 제한된 단어로 적절한 말을 만들어 초록의 틀을 잡는다는 것은 어려운 일이다. 자동 요약 기능은 당신이 명령한 대로[10%, 20%, 50%, 75% 또는 글자 수(250자, 500자, 1000자 등)] 요약할 것이고, 당신은 하고 싶지 않은 작업이라 할지라도 해낼 수 있을 것이다. 많은 학생들이 성공적으로 이 작업을 수행해 왔다.

🎯 심사 이후의 절차

이 시기는 가장 중요한 시기로, 심사위원에게 심사를 받고 나면 3개월 정도밖에 시간이 주어지지 않는다. 이제 심사위원은 당신이 학위논문을 승인받기 전까지 이 시간 동안 학위논문 심사에 전념할 것을 요구한다. 이는 당신이 진정 마지막에 다다랐다는 것을 의미한다. 심사위원들이 수정되지 않은 학위논문을 통과시키는 일은 거의 없고, 학위논문이 통과되지 못하는 경우도 종종 발생한다. 어떤 가능성이든 둘 중 하나일 것이다.

학위논문이 심사위원으로부터 되돌아오는 것은 재작성 후 다시 제출할 것을 요청할 때이다. 이는 통과를 하지 못하는 상황과 같이 나쁜 상황은 아니다. 심사위원들은 재심사를 위해 학위논문을 다시 제출하기 전에, 당신이 진술하고 지도교수와 함께 작업해야 하는 부족한 부분이 무엇인지를 알려 줄 것이다. 당신은 지도교수, 심사위원들, 학과나 대학을 만족시키기 위해 많은 부분을 수정해야 할 것이다.

요청된 수정사항이 지도교수, 심사위원들, 학과나 대학을 만족시킬 수 있도록 반영되면 통과를 시켜 주겠다는 조건으로 학위논문이 당신에게 되돌아올 것이다. 대부분의 경우, 그들의 요청사항이 만족스럽게 반영될 때 심사가 끝난다.

심사위원, 학과 및 대학의 요구를 만족시켰다면, 당신은 학위논문을 대학에서 제시하는 수만큼(그리고 당신이 원하는 여분의 수만큼) 제본해야 하고, 최종적으로 디지털 학위논문 프로그램에 파일을 제출해야 한다. 이는 다른 학자나 관심을 갖고 있는 사람이 논문을 살펴보고 파일을 저장할 수 있도록 모든 논문을 모아 두는 프로그램이다.

이제 당신은 졸업식에 참석할 수 있다. 대부분의 경우, 졸업식 이후에 새로운 직함을 공식적으로 사용할 수 있다. 이는 졸업식에 꼭 참석해야 한다는 의미는 아니다. 졸업식에 참석하지 않더라도 학위는 수여되고, 드디어 끝이 나게 된다.

🎯 추천도서

감사와 헌정의 글을 쓰기 위한 가장 좋은 읽을거리는 다른 사람이 쓴 글이다. 영감을 얻고 표본으로 삼기 위해 그들이 무엇을 어떻게 작성하였는지를 살펴볼 필요가 있다. 당신은 디지털 학위논문 프로그램을 활용하거나 도서관이나 연구실에서 인쇄본을 통해 이를 살펴볼 수 있다. 만약 당신이 젤리벽이라고 언급할 만한 경험이 있다면, 그 경험 다음에 언급될 것은 몇몇 사람의 도움일 것이다.

- J. Baker(1998)는 미국의 박사학위 후보자를 위한 몇몇 고려사항을 제공하고 있다.
- K. Latona와 M. Browne(2001)은 호주에서 박사학위논문 후보자가 학위논문 완성 및 제출 과정에서 겪을 수 있는 고충을 안내하고 있다.
- C. Park(2005)는 영국의 학위논문 심사과정을 소개하고 있다.

🎯 결론

학위논문을 완성하고, 제출하기 전에 몇 가지 해야 할 작업이 남아 있다. 대학에 **논문 제출 신청서**를 제출할 때, 당신은 제출 마감 일까지 시간을 충분히 확보해 놓는 것이 현명하다. 최종 교정, 편집, 인용과 참고문헌 확인, 서명, 감사와 헌정의 글 쓰기와 제본을 위한 시간을 확보해야 한다. 학위논문을 제출하고 난 후에도 3개월이라는 시간이 있지만, 심사를 받고 심사위원이 명시한 요구사항을 반영하는 데에 시간이 필요할 것이다. 그 후에 대학은 졸업식을 하고, 당신은 학위를 수여받고, 드디어 공식적으로 새로운 직함을 사용할 수 있게 된다.

✏ 유용한 정보 **11**

심사를 마친 학위논문은 공식적인 문서가 된다. 논문에서 당신이 사용한 단어는 제출 단계에서 처음 썼을 때에 생각했던 것보다 더 중요한 역할을 한다. 당신은 그것이 미칠 영향을 생각해서 장기적인 안목으로 단어를 엄선하여 작성할 필요가 있다.

학위논문의 출판

🎯 학위논문 출판의 목적

학위취득을 위하여 연구를 수행하고 논문을 작성하는 과정에서 추가적으로 해야 할 일이 있다. 그것은 학위논문을 출판하는 것이며, 이는 학계에 자신을 알리고 연구자로서 자리매김하게 해 준다. 결국 학위라는 것은 국가적 연구 역량을 갖추기 위하여 정부가 대학 재정을 지원해 줌으로써 연구자를 양성하도록 하는 국가적 훈련 제도의 일부이다. 이는 당신이 박사로서의 습관과 입장을 개발하고 학자적인 태도로 활동에 임해야 한다는 의미이다. 당신은 학위논문을 제출하기 전에 학술지에 논문들을 게재함으로써 학자적인 활동을 할 수 있으며, 이는 당신이 학자로서의 지위를 지닐 수 있도록 해 준다. 당신이 박사후과정을 생각하고 있는 경우라면 당신의 지원서를 뒷받침할 수 있는 학위 타이틀뿐만 아니라 논문 게재 목록을 가지고 있을 때에 더 많은 가능성이 있게 된다.

이를 바탕으로 당신은 학위논문을 출판하는 목적을 생각해 볼 필요가 있다. 우선, 연구는 당신의 전공 분야에 지식적으로 기여를 한다. 자신의 연구에서 도출된 지식을 가지고 학계에 공식적으로 기여하는 것은 당신이 지닌 특권이며 의무이다. 당신의 연구자로서의 위치는 당신 자신만을 위하여 지식을 추구하는 것에 안주하는 것을 허락하지 않는다. 당신은 당신의 연구 결과를 널리 퍼뜨릴 의무가 있다. 뿐만 아니라 학위논문 심사자보다 더 많은 대중에게 자신의 연구를 제시함으로써 당신의 입지를 향상시킬 수 있다.

🎯 출판 형태

당신은 학술지 논문, 학술 저서, 전문 저널 논문, 신문이나 잡지의 논평 등 다양한 방법으로 더 많은 독자를 만날 수 있다. 특히 대부분의 학술지는 논문을 온라인에서도 볼 수 있도록 하고, 저서를 전자책(e-book)으로 출판할 수도 있어 당신의 연구를 더 많은 사람이 접할 수 있게 한다. 게다가 당신은 연구 결과를 블로그, 트위터, 인스타그램, 페이스북 등에 탑재하여 공유할 수도 있으며, 심지어 새로운 언어로 번역하여 탑재하기도 한다. 또한 신진 연구자들을 위한 웹보드 게임을 설계하거나 스마트폰, 태블릿 등을 위한 애플리케이션을 개발하는 것을 고려해 볼 수도 있다.

당신의 연구 게재 목록을 발전시키는 가장 일반적인 방법은 학술지 논문에서 시작하여 학술 저서의 한 파트를 집필하고, 책 한 권을 집필하는 것으로 나아갈 수 있다. 또한 당신은 자신의 분야에서 전문적인 논쟁과 논의에 기여하고, 학술지에 논문을 게재하는 것을 직업의 일부로 삼을 수도 있다. 이와 같은 논문은 학계의 권위자들에게 수준 높은 논문이라고 인정받기는 어려울 수도 있겠지만, 학계에 기여하는 학자로서 자신의 입지를 세우는 것에 있어 중요하다고 할 수 있다. 물론 신문이나 잡지의 논평도 여기에 해당된다. 이와 같은 작업들의 궁극적인 목적은 당신의 저서를 출판해 줄 수 있는 출판사의 관심을 끌기 위한 것이다. 당신의 게재 논문 목록은 당신이 출판을 할 수 있다는 것을 뒷받침하는 증거가 될 수 있다.

지금껏 학문적인 작업에 대해 이야기하였고, 우리는 새로운 지식을 창출하거나 기존의 지식을 새로운 방법으로 적용하는 연구의 가치를 다시 살펴볼 필요가 있다. 당신은 당신이 하고자 하는 연구 주제를 연구하는 유일한 사람이며, 당신의 관점에서 도출되는 결과를 만들어 낼 수 있는 사람은 당신 이외에는 아무도 없다. 만약 당신이 박사학위논문 심사를 신청할 수 있는 자격을 지니고 있지 않다면 이와 같은 일도 일어나지 않을 것이다. 당신이 지니고 있는 지식을 가지고 있는 사람은 당신 이외에 아무도 없으며, 당신이 알고 있는 것을 그 분야에 있는 사람들이 알고 싶어 한다는 것을 기억하라.

하지만 박사학위논문 심사를 신청하기 위해서는 연구 자체와 연구를 기술한 학위논문이라는 두 가지의 요소를 갖추어야 한다. 학위논문이 당신의 대학 도서관에 꽂혀 있거나 국회전자도서관에 탑재되어 있다고 하더라도 이는 학문적인 대중을 위한 것이라고 볼 수 없다. 지도교수를 위한 것도 아니다. 학위논문은 당신의 연구 수행이 나타난 것으로, 심사위원만을 위하여 작성된 문서라고 할 수도 있다. 또한 학위논문은 이와 같은 문서에 요구되는 독특한 어조와 어법으로 작성된다. 학위논문은 그 장르의 관례에 따라 작성되기 때문에 교육의 어조와 표현을 지니고 있다. 이는 그 어디에도 없는 독특하고 특별한 글쓰기 형식이다. 각 장은 그 장만의 특정 기능이 있고, 그 구조에 들어맞는 장르 내의 하위 장르를 지니고 있다. 하위 장르의 예로는 연구의 필요성, 이론적 배경, 방법론, 연구방법과 기법, 자료분석, 결론과 추후 연구를 위한 제언 등이 있다. 과제물이나 연구 보고서와 같은 문서도 비슷한 형식일 수도 있으나, 그 이외에 이러한 형식을 지니고 있는 장르는 없다.

🎯 장르 결정하기

학위논문을 출판하기 위해서 학위논문이라는 장르의 개념을 잡는 것이 무엇보다 중요하다. 이 장르의 주요 특징에 초점을 맞추어야 할 필요가 있다. 모든 장르는 누가 읽어도 바로 알아차릴 수 있는 그 장르만의 관례적 형식과 특징적인 글쓰기 유형을 지니고 있다. 각 장르는 그 장르가 지니고 있는 목적과 그것을 읽는 독자들이 누구인지에 의해 결정되는데, 목적과 독자들은 글의 내용뿐만 아니라 글쓰기의 어조나 표현을 결정한다.

일반적으로 학문적인 글쓰기는 모두 같거나 비슷한 장르일 것이라고 오해하기 쉽다. 이와 같은 오해는 학위논문, 학술지 논문, 학술저서, 학술 논문 전자파일 등을 읽는 독자들 또한 모두 같은 부류의 사람일 것이라는 또 다른 오해를 낳는다. 하지만 그렇지 않다.

학위논문을 출판할 때 가장 흔히 하는 실수는 학위논문과 다른 출판물(학술지 논문, 저서 등)의 장르를 명확히 구분하지 못하는 것이다. 이와 같은 장르를 구분하지 못하는 연구자는 학위논문에 있는 것을 그대로 가져와 단순히 축약하여 학술지에 제출하는 경향이 있다. 즉, 학위논문에 기재된 방법론, 연구방법, 기법과 전략 등을 모두 있는 그대로 제시한다. 또한 심사위원에게 제시했던 정보를 그대로 제시하고, 심사위원을 위한 어조와 표현으로 작성한다. 이와 같이 장르를 고려하지 않고 작성하게 되면 새롭고 다양한 독자의 요구와 학술지나 저서의 편집자들의 충고를 반영하기 어렵게 된다.

여기에는 모순이 있다. 학위논문 글쓰기의 어려움 중 하나는 당신이 저서나 연구논문의 장르를 배우지 않았다는 것이다. 당신은 선행 연구들이 어떻게 작성되었는지를 살펴보았고, 그것을 당신의 학위논문 작성을 위한 모델로 이해하고 있다. 박사학위를 위한 학위논문의 장르를 배움으로써 모델이라고 여겼던 것들을 버려야 한다. 박사학위논문을 작성할 때, 당신은 심사위원에게 연구 질문을 설명하기 위해서 온갖 표현을 동원하여 작성해야 한다. 당신은 당신이 읽었던 모든 문헌의 목록으로서의 문헌분석이 아닌, 심사위원을 설득하기 위한 연구자의 입장에서 문헌분석을 작성하는 방법을 배워야 한다. 그리고 학술지 논문을 작성하려고 할 때에는 학위논문의 장르를 버리고 학술지 논문의 장르로 시선을 돌려야 한다.

여기에서 중요한 것은 학위논문의 장르와 다른 학술 집필물의 형태가 각각 다르다는 것이다. 학술저서는 내용을 기반으로 하는 장으로 구성되고, 주제, 이슈, 논거 등으로 그 내용이 조직된다. 이러한 장들은 독립적으로 구성될 것이다. 학술저서는 학위논문과는 달리 그 목적이 심사가 아니며, 독자도 심사위원이 아니고, 어조나 표현 또한 심사위원을 위한 어조나 표현을 사용하면 안된다.

장르의 개념을 가지고 작업하는 것은 출판 가능성에 대한 새로운 장을 여는 것이라고 할 수 있다. 중요한 것은 숙고한 것에 대한 구체적인 내용이다. 당신이 가장 먼저 생각해야 하는 사항 중 하나는 연구가 당신에게 무엇을 말하고 있는가이다. 당신은 지금 진행 중인 연구를 게재하려고 생각할 것이다. 그러나 더 많은 것을 생각해야 한다. 최근에 사용하는 방법론, 연구방법, 기법, 전략 등을 고려해야 한다. 이들을 고려함으로써 당신은 오래된 선행 연구, 심지어는 전통적인 연구에 대해서도 새로운 통찰을 제안할 수 있다. 예를 들면, Denzin과 Lincoln(2000)은 Guba의 연구에 관하여 새로운 통찰을 제안했고, 많은 연구자들은 Denzin과 Lincoln의 연구뿐만 아니라 거기서 논의된 주제를 다루는 최근 연구들까지도 훑어보고 있다.

당신은 연구되고 있는 새로운 쟁점들과 문헌 검토를 통해 나타난 쟁점들에 관하여 고려해야 한다. 편집자, 출판사뿐만 아니라 다른 연구자들은 당신이 제시하는 새로운 지식을 열망한다. 또한 학생의 입장에서 바라본 지도교수와의 경험과 같은 당신이 제공할 수 있는 연구 여정에 대한 내용도 있으며, 그러한 이야기를 듣고 싶어 하는 독자도 있다. 연구자들은 전통적인 연구와 이슈에 대한 가장 최근의 논의를 필요로 한다. 당신이 고민해 온 것들을 생각해 보면, 타당성, 내부자로서의 연구자, 민감한 연구 주제, 윤리적 쟁점, 기존의 연구방법과 기법에 대한 비평 등이 있을 것이고, 당신은 이것들에 대한 목록을 만들 수 있을 것이다. 결국 당신은 당신의 전공 분야에서 다른 연구자들이 연구를 수행하기 위해 필요로 하는 쟁점들을 정리하여 제공할 수 있을 것이다.

가능한 집필 분야

방법론

연구를 할 때 고려해야 하는 방법론에 대한 일반적인 쟁점과 특별한 쟁점들이 있다. 이와 같은 쟁점들을 토대로 문서를 작성할 수 있다. 만약 당신이 후기 구조주의 관점에서 연구를 한다면 페미니스트와 후기 페미니스트적 접근방법, 정체성의 구조화, 담론의 동원, 현대 권력 구조에 대한 진실과 같은 연구를 할 수 있을 것이다. 만약 당신이 현상학의 관점으로 연구를 한다면, 생활 경험에 대한 개념적 의미를 일반적인 용어로 탐구할 것이고, van Manen(1990)의 실존적 생활세계, Husserl(1931)의 괄호치기 개념과 이를 연구에 적용하는 방법에 대해 공부할 것이다. 결국 당신이 발견하고 사용한 이와 같은 것들에 대해 책을 출판할 수 있는 사람이 누가 있겠는가? 당신은 괄호치기를 어떻게 하는지에 대한 단편 저서를 펴낼 수 있을 것이며, 이는 연구의 수행이 완료되었다는 것을 선포하는 것 이상의 것이 될 수 있다. 만약 당신이 상징적 상호작용주의 관점으로 연구를 한다면, 상징으로서의 글의 구조나 글에 나타난 연구 참여자들의 상호작용에 중점을 두어 단행본을 펴낼 수 있을 것이다. 그리고 당신이 연구하는 동안 연구 주제보다 연구 참여자들을 위해 더 심사숙고했던 사항들이 무엇인지 생각해 볼 수 있을 것이며, 이에 대한 책도 펴낼 수도 있을 것이다.

연구방법

학위논문에서 연구방법에 관한 장은 개발할 수 있는 매우 비옥한 땅에 비유할 수 있다. 사례연구에 대한 대표적인 문헌들은 이 연구방법을 적용하는 연구자들에게 중요한 정보를 제공해 줄 것이다. 당신은 당신의 연구방법에 관한 문제에 대해 고민하며 알아내고자 노력할 것이고, 책을 출판함으로써 다른 연구자들에게 정보를 제공할 수 있을 것이다. 만약 당신이 문화기술지 연구방법을 사용한다면, 이 연구방법이 당신의 연구 수행에 어떠한 영향을 미쳤는지에 대하여 책으로 펴냄으로써, 이 분야의 연구자들의 사고를 촉진하는 데에 도움을 제공할 수 있을 것이다.

담론분석은 후기 구성주의 연구에서 자료분석을 위한 기본적인 접근방법으로, 담론적 실재(discursive practice)와 주관성의 구성(construction of subjectivities)의 일환으로 문헌분석과 병행할 수 있다. 또한 연구 현장에서 내러티브 탐구의 사용이 점차적으로 증가함에 따라 편집자, 출판업자, 연구를 하고 있는 대중의 주의를 끌기에 충분히 진귀하고 새로운 것이라고 볼 수 있다. 이와 같이 당신은 연구뿐만 아니라 연구방법에 대해 논할 수 있다. 연구방법에 대해 저서로 펴낼 수 있는 경우의 예는 연구방법이 시대적으로 뒤떨어지거나 개선이 필요한 경우(Bourdieu, 1977, 현상학에 대한 평론 참조), 최근 연구자들에 의해 밝혀진 것이나 사회적 흐름에 따른 쟁점의 반영이 필요한 경우(Kuhn, 1970) 등이다.

기법

당신이 집단면담을 사용하고 있거나 사용하고자 한다면, 그 기법의 장단점뿐만 아니라 효과적으로 사용하기 위한 조건에 대하여 문헌을 살펴보았을 것이다. 이와 같은 요소들이 당신의 작업에 미치는 영향과 더 나아가 이 주제와 관련해 참고할 만한 문헌들도 살펴보았을 것이다. 개별면담의 기법을 사용하는 경우에도 마찬가지이다. 자료수집 방법으로 테이프에 녹음을 한 Thompson(1996)의 연구는 주목할 만하다. 당신은 Thompson과 같이 연구 참여자(소외 집단, 아동 등)를 연구에 참여시킬 때 어려운 점을 해결해 나가는 방법과 어려움을 극복하는 방법 등에 대한 내용으로 책을 쓸 수도 있을 것이다.

이론적 배경

학위논문의 이론적 배경 부분은 이 연구의 설계를 통해 그 분야에서 거론되고 있는 쟁점들에 대한 이론과 실제의 간극을 어떻게 다룰 것인지, 문헌들에서 언급하는 최근의 쟁점은 무엇인지, 최근 동향과 문제들은 무엇인지 등에 대해 당신이 읽은 것을 총괄하여 연구에 적용하는 내용으로 작성하였을 것이다. 당신이 과거에 언급되어 왔던 문제들에 대해서 작성하였다 하더라도, 당신이 지금 생각하고 있는 문제들이 그 분야의 다른 연구자들에게는 가치 있는 것이 될 수 있기 때문에 그 내용을 출판하여 발표할 수도 있다. 다른 연구자들은 선행 연구를 살펴봄으로써 그들이 필요로 하는 정보를 찾을 수 있고, 당신이 고민했던 문제들을 참고할 수 있다. 당신이 작성한 이론적 배경은 기존에 발견되어 온 것들과 상충되는 관점과 견해를 지니고 있을 수 있고 이는 학계를 발전시킬 수 있다. 이와 같이 학위논문의 이론적 배경에 관한 장은 당신만의 것이기에 학위논문 이외에 추가적으로 에세이 출판을 할 수도 있다.

윤리

연구에 대한 윤리적인 고려는 학위논문에서 하나의 장으로 작성되며, 당신이 확인한 윤리적 쟁점들과 그것을 다루는 방법 등에 대하여 별도로 책을 쓸 수 있을 것이다. 당신은 타인에게 피해를 주지 않는 연구(윤리적 고려에서 중요한 고려사항)를 위하여 연구 참여자가 꺼려하는 문제에 직면하였을 때에 그것을 다루는 방법 등에 대한 보호장치를 개발할 수 있을 것이다. 이와 같은 것들을 출판하여 다른 연구자들에게 정보를 제공할 수 있다.

타당도

타당도에 대한 고려사항은 연구에서 가장 중요한 부분으로, 당신은 이를 어떻게 다루었는지에 대해 학위논문에 작성하였을 것이다. 당신은 연구에 참고하기 위하여 선행 연구에서 타당도를 다룬 부분을 찾아보았을 것이다. 그리고 이를 참고하여 개념과 용어에 대해 자신만의 논의를 펼쳤을 것이고, 질적연구의 관례에 따라 자신만의 방식으로 논쟁하였을 것이다. 누구의 연구를 참고하여 작성하였는지 생각해 보자. 여기에 참고할 만한 연구가 있다. 진실성의 개념을 밝힌 Lather(1986, 1993)의 연구와 '타당성의 거름망(Masks of Validity)'이라는 제목으로 질적연구의 타당도를 안내하는 Scheurich(1997)의 연구가 그것이다. 타당도에 대한 출판물이 많지 않기 때문에 오래된 연구임에도 불구하고 모든 연구자가 이 연구들을 참고하고 있다. 당신은 타당도를 주제로 한 자신만의 논의로 출판을 고려해 볼 수 있을 것이다.

연구 여정

연구 여정에 대한 개인적 이야기가 얼마나 인기 있고, 학회에 얼마나 자주 게재되는지를 알면 놀라움을 금치 못할 것이다. 당신은 논문을 작성할 때 당신이 고려했던 연구자들을 논문에 제시하였을 것이다. 또한 당신은 Lave와 Wenger(1994)의 합법적 주변 참여(Legitimate Peripheral Participation: LPP) 개념, Vygotsky(1978)의 근접발달영역(Zone of Proximal Development: ZDP) 개념과 연구 수행에서 비계 개념 등 연구자를 위한 연수 관련 국가 정책과 절차를 살펴보았을 것이다. 이는 학위논문을 작성하는 박사학위 후보자들이 겪을 수 있는 사항들, 극복해야 하는 문제들, 지도교수와 잘 지내는 방법 등 박사학위 후보자들의 공감을 불러일으킬 수 있는 주제들에 대한 이론적인 체계를 제공할 수 있을 것이다.

🎯 출판 가능성

당신의 학위논문에 관심을 지니고 있는 학술지 또는 출판사는 게재의 가능성을 가지고 있다고 볼 수 있다. 당신이 학술지 또는 출판사와의 빈번한 교류를 통해 그 학술지나 출판사의 홈페이지, 편집국, 전자메일 목록 등에 익숙해지고, 당신의 분야에서 떠오르는 쟁점이 있을 때 당신은 편집자에게 집필 제안을 받을 수도 있을 것이다. 이와 같은 요청을 받든 그렇지 않든, 어떤 주제든지 상관없이 언제든 원고를 제출할 수 있다. 하지만 당신은 게재 가능한 학술지가 떠오르면 그 학술지의 독자를 파악해야 할 필요가 있다. 이는 당신의 원고를 적합하지 않은 학술지에 투고함으로써 모든 사람이 시간 낭비를 하게 되는 것을 예방할 수 있다. 우선 학술지의 홈페이지 관리자나 편집자들에게 조언을 구해야 한다.

당신은 그들에게 저서나 책의 일부에 대한 출판을 제안하게 될 수도 있다. 보통 학위를 취득한 후라면, 자신의 학위논문을 출판사의 제안 양식에 맞추어 책으로 펴낼 수 있다. 이때 당신은 당신의 저서 출판과 판매를 도와줄 수 있는 본인만의 게재 목록을 가지고 있어야 한다. 가장 중요한 것은 학술지나 출판사로부터 제안이 거절당한다고 해서 좌절하지 말고, 다른 학술지나 출판사에 다시 제안하는 것이다. 이때에 거절에 대한 이유를 알고 피드백을 받아 이를 원고에 반영해야 한다.

🎯추천도서

당신의 분야에서 흥미 있는 학술지 논문, 서적 등은 내용에 대한 정보뿐만 아니라 당면할 수 있는 문제 유형과 접근방법에 대한 정보도 제공해 준다. 출판과 관련하여 참고할 만한 책들이 있다.

- W. Germano(2005)의 『From dissertation to book』은 박사학위 취득자로서 할 수 있는 중요한 노력에 대한 구체적이고 유용한 논의를 담고 있다.
- Susan Rabiner와 Alfred Fortunato(2003)의 『Thinking like your editor: How to write great serious nonfiction and get it published』는 출판된 이래로 유익하고 실행적인 내용으로 독자들에게 지속적인 인기를 얻고 있다.
- Sarah Caro(2009)의 『How to publish your PhD』는 제목에서 모든 것을 말해 주듯이, 당신의 학위논문을 출판하는 방법을 안내하고 있다. 우리는 최신의 이슈를 전문 서적으로 발간함으로써 학계를 발전시켜야 하며, 최신의 관점으로 쟁점을 바라보는 것은 우리에게 새로운 기술과 세계화 그리고 이들이 현대의 학술서에 미치는 효과 등을 제안할 수 있는 이점을 지니고 있다.

출판사는 박식한 학자들과 성공적으로 박사학위를 취득한 사람의 블로그에서 참신한 아이디어를 얻으라고 조언한다. 당신은 당신 자신의 연구를 출판하고 싶어질지도 모른다.

🎯 결론

당신은 연구를 수행하는 내내 한 부분에만 중점을 두어 자료를 읽지는 않았을 것이다. 연구와는 크게 관련성은 없지만 관심이 가는 것들을 폭넓게 읽고, 그렇게 함으로써 자신의 학위논문의 초점을 초월한 다양한 쟁점들을 마주하게 되었을 것이다. 당신은 이 모든 것을 학위논문에서 다루어야 할 필요는 없었지만, 이제는 이와 같은 내용을 학술지에 언급할 수 있을 것이다. 즉, 연구과정 중에는 중요하지 않았지만 다른 연구자들에게는 흥미롭게 다루어질 수도 있는 쟁점들과 당신이 관심을 갖고 있었던 부분에 대한 쟁점들을 학술지에 게재할 수 있을 것이다. 또한 당신은 이와 같은 내용을 책으로도 쓸 수 있을 것이다.

출판사와 출판 업계 종사자들은 항상 출판하기에 좋은 아이디어를 찾아다닌다. 당신은 유일함이라는 특권을 지니고 있는 자신만의 연구를 쥐고 있다는 것을 기억해야 한다. 이것이 대학에서 박사학위논문 심사를 지원하고 논문 작성을 지원하는 이유이다. 당신은 당신 자신만의 연구를 시작하면서 자신만의 학위논문을 학술적으로 작성한다. 또한 당신의 전공 분야와 일반적인 분야의 최근 연구들을 폭넓게 읽는다. 또한 당신은 지금까지 이루어진 연구들 중에 없는 내용뿐만 아니라 거기에 있어야 할 필요가 있는 것이 무엇인지까지 알게 되었다. 당신이 알게 되었다면 다른 연구자들도 마찬가지로 알고 있을 것이고, 편집자들은 이를 더 잘 알고 있을 것이다. 출판사의 편집자들은 지금껏 다루어지지 않은 저널이나 책이 무엇인지 굉장히 잘 알고 있다. 이처럼 모든 것은 당신에게 유리한 입장을 제공하게 된다.

✎ 유용한 정보 12

어느 학회의 편집자가 학술적으로 훌륭하게 집필한 논문을 거절하고 받아 주지 않는다면, 당신은 아마도 당신 연구의 주제와 맞지 않는 잘못된 학회를 선택했다는 의미일 것이다. 당신은 당신의 논문이 좋은 논문이라는 것을 알고 적합한 학회에 논문을 제출해야 할 필요가 있다. 그리고 나서 당신은 다음 연구를 시작해야 한다.

참고문헌

Australian Institute for Aboriginal and Strait Islander Studies. (2012). *Guidelines for ethical research in Aboriginal and Torres Strait Islander studies*. IATSIS. http://www. aiatsis.gov.au/research/ethics/documents/GERAIS.pdf.

Baker, J. (1998). Gender, race and PhD completion in Natural Science and Engineering. *Economics of Education Review, 17*(2), 179−188.

Bell, J. (1995). *Doing your research project: A guide for first-time researchers in education and social science*. Buckingham: Open University Press.

Blaikie, N. (1993). *Approaches to social enquiry*. Cambridge: Polity.

Blair, T. (2001, 23 May). The prime minister launching Labour's education manifesto at the University of Southampton. From http://www.theguardian.com/politics/2001/ may/23/labour.tonyblair.

Block, D. (1995). Social constraints on interviews. *Prospect, 10*(3), 35−48.

Bloor, M., Frankland, J., Thomas, M., & Robson, K. (2001). *Focus groups in social research*. Thousand Oaks: Sage.

Bourdieu, P. (1977). *Outline of a theory of practice (N. Richard, Trans.)*. Cambridge and New York: Cambridge University Press.

Bruce, C. S. (1994). Research students' early experiences of the dissertation literature review. *Studies in Higher Education, 19*(2), 217−229.

Bryman, A. (2009). *Social research methods*. Oxford: Oxford University Press.

Bunton, D. (2005). The structure of PhD conclusion chapters. *Journal of English for Academic Purposes, 4*(3), 207−224.

Caro, S. (2009). *How to publish your PhD*. Oxford: Oxford University Press.

Charon, J. M. (2009). *Symbolic interactionism: An introduction, an interpretation, an integration*. Upper Saddle River, NJ: Prentice Hall.

Cohen, D., Manion, L., & Harrison, K. (2000). *Research methods in education*. London:

Routledge.

Cooper, H. M. (1989). *Integrating research: A guide for literature reviews*. Newbury Park: Sage.

Council of Australian Deans and Directors of Graduate Studies. (2005). Guidelines to support the framework for best practice in generic capabilities for research students in Australian universities. http://www.ddogs.edu.au/#mainPage.

Crotty, M. (1998). *The foundations of social research: Meaning and perspective in the research process*. London: Sage.

Denzin, N. (1992). *Symbolic interactionism and cultural studies: The politics of interpretation*. Chichester: John Wiley & Sons Ltd.

Denzin, N. K. & Lincoln, Y. S. (Eds.), (2000). *Handbook of qualitative research*. Thousand Oaks: Sage.

Derrida, J. (1973). *Speech and phenomena*. Evanston: Northwestern University Press.

Doermann, D., Kise, K., & Marinai, S. (2013). International Journal on Document Analysis and Recognition (IJDAR). Springer.

Flick, U. (2007). *Designing qualitative research*. London: Sage.

Flick, U. (2009). *An introduction to qualitative research*. London: Sage.

Foucault, M. (1973). *Discipline and punish*. London: Penguin.

Fry, S. (2013). QIEpisode 9: Illness. Sydney November 1: Australian Broadcasting Commission.

Germano, W. (2005). *From dissertation to book*. Chicago: University of Chicago Press.

Grbich, C. (2013). *Qualitative data analysis*. London and Other Places: Sage.

Habermas, J. (1979). *Communication and the evolution of society*. London: Heinemann Educational.

Hakim, C. (1987). *Case studies in research design*. New York: Allen & Unwin.

Hamel, J., Dufour, S., & Fortin, D. (1993). *Case study methods*. Thousand Oaks: Sage.

Hart, C. (2001). *Doing a literature search: A comprehensive guide for the social sciences*. Thousand Oaks: Sage.

Hartley, J. (2004). Case study research. In C. Cassell, & G. Symon (Eds.), *Essential guide to qualitative methods in organizational research* (pp. 323–333). London; Thousand Oaks: Sage.

Headland, T. N. (1990). Emics and etics: The insider/outsider debate. In T. N. Headland,

K. L. Pike, & M. Harris (Eds.), *Emics and etics: The insider/outsider debate*. Newbury Park, CA: Sage.

Hillyard, S. (2010). *New frontiers in ethnography*. Bingley, UK: Emerald.

Husserl, E. (1931). *Ideas: General introduction to pure phenomenology* (W. R. Boyce Gibson, Trans.). London: Allen & Unwin.

Kelley, K., Clark, B., Brown, V., & Sitzia, J. (2003). Good practice in the conduct and reporting of survey research. *The International Society for Quality in Health Care, 15*(3), 261−266.

Kuhn, T. (1970). *The structure of scientific revolutions*. Chicago: University of Chicago Press.

Lather, P. (1986). Issues of validity in openly ideological research: Between a rock and a soft place. *Interchange, 17*(winter), 63−84.

Lather, P. (1993). Fertile obsession: Validity after poststructuralism. *The Sociological Quarterly, 34*(4), 673−693.

Latona, K., & Browne, M. (2001). *Factors associated with completion and retention of Research Higher Degrees*. Report No. 37, Department of Education, Training and Youth Affairs, Higher Education Division, Canberra.

Lave, J., & Wenger, E. (1994). *Situated learning: Legitimate peripheral participation*. New York: Cambridge University Press.

Leonard, W., & Mertova, P. (2007). *Using narrative inquiry as a research method: An introduction to using critical event narrative*. Oxon: Routledge.

Lyotard, J.-F. (1984). *The postmodern condition: A report on knowledge*. Minneapolis: University of Minnesota Press.

Mathews, J. (1989). *Age of democracy: The politics of post-Fordism*. Oxford: Oxford University Press.

Mc Houl, A., & Grace, W. (1993). *A Foucault primer: Discourse, power and the subject*. Carlton: Melbourne University Press.

Organisation for Economic Cooperation and Development. (2002). *OECD Frascati manual* (6th ed.). OECD. http://stats.oecd.org/glossary/detail/asp?ID=192.

Park, C. (2005). New variant PhD: The changing nature of doctorates in the UK. *Journal of Higher Education Policy and Management, 27*(2), 189−207.

QSR International Pty Ltd. (2013). *NVivo*. http://www.qsrinternational.com/products/

productoverview/comparison.htm.

Rabiner, S., & Fortunato, A. (2003). *Thinking like your editor: How to write great serious nonfiction and get in published.* New York: W. W. Norton & Co.

Ridley, D. (2012). *The literature review: A step-by-step guide for students.* Thousand Oaks: Sage.

Scheurich, J. J. (1997). *Research method in the postmodern.* Bristol: Falmer.

Silverman, D. (2003). *Doing qualitative research: A practical handbook.* Thousand Oaks: Sage.

Stake, R. E. (1995). *The art of case study research.* Thousand Oaks, London and New Delhi: Sage.

Survey Monkey. https://www.surveymonkey.com/.

The Shorter Oxford Dictionary. (1973). London: Oxford University Press.

Thompson, D. (1996). The tape recorder as a mediating factor in research. *The Australian Educational Researcher, 23*(3), 1–12.

van Manen, M. (1990). *Researching lived experience: Human science for an action-sensitive pedagogy.* New York: State University of New York Press.

Vygotsky, L. S. (1978). *Mind in society: The development of higher psychological precesses.* USA: Harvard University Press.

Watson, D. (2005). *Watson's dictionary of weasel words.* Sydney: Vintage (Australia).

Weedon, C. (1988). *Feminist practice and post-structuralist theory.* Oxford, UK: Basil Blackwell Ltd.

Wodak, R., & Meyer, M. (2009). *Methods for critical discourse analysis.* London: Sage.

Wolfinger, N. H. (2002). On writing fieldnotes: Collection strategies and background expectancies. *Qualitative Research, 2*(1), 85–93.

Yin, R. K. (2003). *Application of case study research* (2nd ed.). Thousand Oaks, London and New Delhi: Sage.

Yin, R. K. (2006). Case study methods. In J. Green, G. Camili, & P. Elmore (Eds.), *Handbook of complementary methods in education research* (pp. 111–122). USA: Lawrence Erlbaum for the American Educational Research Association.

Yin, R. K. (2014). *Case study research: Design and methods.* Beverley Hills: Sage.

Zeegers, M. (2013). *Grammar matters.* South Melbourne: Oxford University Press.

찾아보기

인명

Baker, J. 183
Beazley 93
Bell, J. 133, 168
Blaikie, N. 33
Blair, T. 111
Block, D. 140
Bloor, M. 148
Bourdieu, P. 191
Brown, V. 93, 149
Browne, M. 183
Bruce, C. S. 88
Bryman, A. 157, 159
Bunton, D. 175

Caro, S. 194
Charon, J. M. 49
Clark, B. 149
Cohen, D. 49

Cooper, H. M. 87, 100
Crotty, M. 48

Davies 116, 117
Denzin, N. 120, 189
Derrida, J. 49, 106, 110, 120, 135
Doermann, D. 149
Dufor 159
Dufours 156

Flick, U. 33, 48, 156, 159
Fortin, D. 156, 159
Fortunato, A. 194
Foucault, M. 48, 106, 110, 115, 116, 117, 120, 128, 163
Frankland, J. 148

Garrison 95

George 133
Germano, W. 194
Grace, W. 48
Grbich, C. 168
Guba 189

Habermas, J. 109, 120
Hakim, C. 125
Hamel, J. 156, 159
Harre 116, 117
Harrison, K. 49
Hart, C. 101
Hartley, J. 133
Headland, T. N. 137
Heidegger 166
Hillyard, S. 136
Hofstede 173
Holmberg 95
Husserl, E. 130, 190

Jick 173

Kearsley 94
Keegan 93
Kelley, K. 149
Kise, K. 149
Kuhn, T. 191
Kvale 147

Lather, P. 42, 91, 129, 137, 192
Latona, K. 183

Lave, J. 193
Leonard, W. 136
Lincoln, Y. S. 120, 189
Lyotard, J. -F. 49, 106, 110

Manion, L. 49
Marinai, S. 149
Mathews, J. 118
McGee 173
McHoul 48
Merleau-Ponty 165, 166
Merriam 133
Mertova, P. 136
Meyer, M. 136
Moore 94

Park, C. 183
Paul 95
Peters 94
Poland 147

Rabiner, S. 194
Ridley, D. 101
Robson, K. 149

Sartre 165, 166
Scheurich, J. J. 30, 42, 91, 115, 129, 137, 147, 192
Silverman, D. 49, 156, 159
Sitzia, J. 149
Stake, R. E. 125, 133, 136

Thomas K. 120

Thomas, M. 149

Thompson, D. 140, 147, 148, 157, 191

van Manen, M. 49, 112, 120, 156, 162, 165, 166, 190

Vygotsky, L. S. 193

Watson, D. 52

Weedon, C. 49, 110, 120

Wenger, E. 193

Wodak, R. 136

Wolfinger, N. 145, 149

Yin, R. K. 123, 133, 136

Zeegers, M. 54

내용

ABD 178

ABS 178

emic 131, 137

etic 131, 137

HDR 24

HDR 프로그램 19

LPP 193

OECD 24

ZDP 193

국가 성명 75

감사와 헌정 179

거름망 129

결론 171

경험 165

관찰 43, 144

관찰자 효과 144

괄호치기 130

교육 112

구두발표 45, 179

글 113

기법 43, 123, 139, 191

기술적 서술 108

내러티브 연구 42

내러티브 탐구 124, 128, 136

내부자의 관점 132

녹음 159
녹음 자료 157
녹화 159
논문 25, 33
눈덩이 표집 143

다중 관점 107
담론 73, 106, 109, 116, 152
담론분석 124, 127, 128, 136
담론적 실제 116
담론형성 126
동영상 146
동의서 형식 78

마르크스주의 114
메모 145
면담 43, 73, 140, 147, 153
문서분석 124, 127, 153
문헌 검토 40, 87, 89
문화기술지 42, 124, 126, 132, 136

반성적 고찰 130
방법론 28, 41, 103, 114, 123, 189
비판이론 41, 108
비판이론가 108

사례 연구 42
사례연구 124, 125, 132, 133, 136
사진 146
사진 유도법 74
사회자 141

사회적 관점 111
삼각검증법 130, 140, 152
상징 113
상징적 상호작용론 113
상징적 상호작용주의 41, 49
생활 세계 112
시간성 165
신뢰성 39, 129
실용주의 41
실증주의자 39
심사 179
심사위원회 31

연구 24, 33
연구 설계 36
연구 여정 192
연구 윤리 승인 59
연구 윤리 신청서 80
연구 질문 33
연구 참여자 39, 43, 66, 77, 113
연구방법 42, 123, 190
연구비 지원 45
연구의 방향성 53
연구자의 위치 36, 153
연구질문 26
윤리위원회 58, 62
윤리적 고려 57
윤리적 요구사항 43
윤리적인 고려 192
윤리적인 고려사항 144
의존성 129

이데올로기 107
이론 27
이론적 배경 87, 191
이야기의 원칙 53, 158
인간 경험 113
인간대상연구의 연구윤리 강령에 관한 국
인간연구윤리위원회 43
일지 146, 157

자료 28
자료분석 161
자료수집 151
자료수집 기법 154
자유주의 41
장르 187
재건주의 41, 111
저널 146
전사 140, 157
전사본 147
전이성 129
전통적인 글쓰기 52
정보 29
제언 171
젤리벽 178
조사 연구 142
조직화 163
주관성 40
지도교수 31, 32
지식 29
지지 집단 46
진리 체계 129

진실성 39, 42, 91, 129, 144, 192
진실의 체제 116, 118
질문지 156
질적연구자 39
집단면담 156

참여관찰 126
체험 165
체험적 공간 166
체험적 시간 166
체험적 자아 167
체험적 타자 166
촉진자 141
출판 193

타당도 42, 192
타당성 30, 91, 129, 137
타당성의 거름망 192
탈식민주의 114

패러다임 36, 39
페미니스트 41, 109
페미니스트 이론 49
페미니즘 109
편집 180
포스트모더니즘 105
포커스그룹 면담 141

학문적인 글쓰기 52, 188
학위논문 출판 185
해방운동이론 109

해석주의자 39
현상학 41, 49, 112, 132
현장 노트 43, 145

확증성 129
후기 구성주의 41, 48
후기 구조주의 105, 110, 115

저자 소개

Margaret Zeegers

Margaret Zeegers 박사는 호주 빅토리아에 있는 Swinburne University의 Health, Arts, and Design 대학에서 교수로 재직하고 있다.

Deirdre Barron

Deirdre Barron 박사는 호주 빅토리아에 있는 Swinburne University의 Health, Arts, and Design 대학과 Centre for Design Innovation에서 교수로 재직하고 있다.

역자 소개

이미숙(Misuk Lee)

이미숙 박사는 미국 오클라호마주의 University of Oklahoma에서 특수교육학(철학박사)을 전공하였고, 현재 공주대학교 특수교육과 교수로 재직하고 있다.

질적연구를 활용한 **학위논문 작성법**
Milestone Moments in Getting your PhD in Qualitative Research

2019년 3월 15일 1판 1쇄 발행
2020년 9월 10일 1판 2쇄 발행

지은이 • Margaret Zeegers · Deirdre Barron
옮긴이 • 이미숙
펴낸이 • 김진환
펴낸곳 • **(주) 학지사**
　　　　　04031 서울특별시 마포구 양화로 15길 20 마인드월드빌딩
대표전화 • 02)330-5114　　　팩스 • 02)324-2345
등록번호 • 제313-2006-000265호

홈페이지 • http://www.hakjisa.co.kr
페이스북 • https://www.facebook.com/hakjisa

ISBN 978-89-997-1747-5　93370

정가 15,000원

이 도서의 국립중앙도서관 출판시도서목록(CIP)은 서지정보유통지원
시스템 홈페이지(http://seoji.nl.go.kr)와 국가자료공동목록시스템
(http://www.nl.go.kr/kolisnet)에서 이용하실 수 있습니다.
(CIP 제어번호: CIP2019001935)

출판 · 교육 · 미디어기업 **학지사**

간호보건의학출판 **학지사메디컬** www.hakjisamd.co.kr
심리검사연구소 **인싸이트** www.inpsyt.co.kr
학술논문서비스 **뉴논문** www.newnonmun.com
원격교육연수원 **카운피아** www.counpia.com